평강의 주께서

친히

때마다 일마다

평강을 주시기를 기도하며

특별히

_____님께

드립니다.

구도자를 위한 설교

이렇게 찾으라

이동원 목사

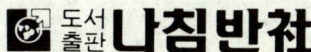
도서 출판 나침반社

종합선교 ─ 나침반社/그리스도인들의 성장을 돕습니다.

110-616 서울·광화문우체국 사서함 1641호 ☎(02)279-6321~3/주문처 (02)606-6012~4

• • •

COMPASS HOUSE PUBLISHERS

A DIVISION OF NACHIMBAN (=COMPASS) MINISTRIES
KWANGHWAMOON P.O. BOX 1641, SEOUL 110-616, KOREA

당신을 찾고 계시는
하나님의 사랑 이야기

하나님께서 아담에게 "네가 어디 있느냐?"고 물으실 때부터 그분은 인간을 찾으셨읍니다. 하나님의 일(job)은 인간 구원입니다. 예수 그리스도의 탄생은 우리를 찾아오신 하나님의 화육(化肉) 사건이었읍니다.

그의 십자가는 "찾음"의 절정이었읍니다. 이 십자가 까닭에 죄인은 비로소 하나님 앞에 설 수 있었고 하나님은 인간을 용납하실 수 있었읍니다.
십자가는 단순한 도덕적 감화의 상징이 아닙니다.
십자가는 복잡한 정치적 드라마의 편린이 아닙니다.
십자가는 하나님의 구원의 계획입니다.

성경의 모든 멧세지는 "당신을 찾고 계시는 하나님의 사랑 이야기(love story)"로 요약될 수 있을 것입니다. 이 하나님의 사랑이 오늘을 사는 모든 그리스도의 증인들에게 잃어버

린 그들의 친구들을 "이렇게 찾으라"고 말씀하십니다. 하나
님이 생소하고, 기독교의 소리들이 낯선 당신에게도, 구원의
길을 "이렇게 찾으라"고 말씀하십니다.

전도자 (伝道者) 에게는 멧세지의 불길을 더하고, 구도자 (求
道者) 에게는 "찾음"의 등불이 되기를 기구 (祈求) 하며, 그동
안의 전도 설교들 가운데서 주께서 특별히 축복하셨던 멧세지
들을 간추려서 드립니다.

이동원

차 례

제 1 부

하나님의 사랑

내 집을 채우라

함께 먹는 사람 중에 하나가 이 말을 듣고 이르되 무릇 하나님의 나라에서 떡을 먹는 자는 복되도다 하니 이르시되 어떤 사람이 큰 잔치를 배설하고 많은 사람을 청하였더니 잔치할 시간에 그 청하였던 자들에게 종을 보내어 가로되 오소서 모든 것이 준비되었나이다 하매 다 일치하게 사양하여 하나는 가로되 나는 밭을 샀으매 불가불 나가 보아야하겠으니 청컨대 나를 용서하도록 하라 하고 또 하나는 가로되 나는 소 다섯 겨리를 샀으매 시험하러 가니 청컨대나를 용서하도록 하라 하고 또 하나는 가로되 나는 장가들었으니 그러므로 가지 못하겠노라 하는지라 종이 돌아와주인에게 그대로 고하니 이에 집주인이 노하여 그 종에게이르되 빨리 시내의 거리와 골목으로 나가서 가난한 자들과 병신들과 소경들과 저는 자들을 데려오라 하니라 종이가로되 주인이여 명하신 대로 하였으되 오히려 자리가 있나이다 주인이 종에게 이르되 길과 산울 가로 나가서 사람을강권하여 데려다가 내 집을 채우라 내가 너희에게 말하노니 전에 청하였던 그 사람은 하나도 내 잔치를 맛보지 못하리라 하였다 하시니라
- 누가복음 14장 15~24절

어 느 안식일이었습니다.
한 바리새인 집에서 열린 잔치 석상에서 예수님과 함께 앉아 떡을 떼며 예수님의 영광스럽고 아름다운 교훈을 듣던 사람 중에 하나가 문득 "하나님의 나라에서 떡을 먹는 자는 복되도다"라고 말했습니다.

아마도 이 사람은 본문의 선행 구절인 12절이하 14절에서 주님이 교훈하실 때 바로 이 가르침에 크게 감동되어 "의인들을 보상하시는 영광스런 하나님의 나라에서 떡을 먹는 사람은 얼마나 행복한 것인가?"라고 생각한 듯합니다.

이 얘기를 하고 나서 이어 예수님은 어떤 사람이 큰 잔치를 베풀고 많은 사람들을 초청했던 사건을 말씀하십니다.

우리는 본문에서 다음과 같은 사실을 살펴볼 수 있습니다.

첫째로, 이 본문을 통해서 예수님은 하나님의 나라란 준비된 커다란 잔치와 같은 것임을 말씀하시고자 하셨습니다.
성경에서 이 하늘나라의 개념은 현재적인 측면과 미래적인 측면이 다 함께 강조되고 있는 개념입니다. 하나님의 나라는 하나님의 통치의 영역이 행사될 수 있는 장소입니다. 다시 말하면, 하나님의 주권이 행사되어 하나님이 다스리는 곳에는 언제나 하나님의 질서와 하나님의 통치가 이루어집니다.

로마서 14장 17절은 하나님 나라의 본질을 설명하면서 이렇게 말합니다.
"하나님의 나라는 먹는 것과 마시는 것이 아니요 오직 성령 안에서 의와 평강과 희락이라."

여러분은 하늘나라를 어떻게 상상하십니까?
가난한 사람은 먹을 것이 풍부하게 있는 나라로서 하늘나라를 연상할 것입니다.
고민으로 가득 찬 사람은 고민이 해결된 영원한 평화의 나라로서 하늘나라를 연상할 것입니다.

저는 하나님의 나라를 생각할 때 잠을 실컷 잘 수 있는 나라라는 생각을 합니다(실컷 못자는 컴플렉스 때문입니다).

그러나 성경은 "하나님 나라는 단순히 먹는 것, 마시는 것이 아니라 성령 안에 있는 의와 평강과 희락"이라고 말합니다. 이것이 하나님 나라의 본질입니다. 다시 말하면, 하나님의 통치의 결과인 의와 평강과 희락, 이 세 가지 질서가 성령님을 통해서 이루어질 것임을 강조합니다.

그러므로 여러분이 예수 그리스도를 구주와 주님으로 영접하고 그 주님에게 참으로 순복하는 삶을 살게 될 때 주님께서는 내 마음에 왕으로 찾아 오십니다. 그리스도를 받아들였다는 말은, 어떤 의미에서는, 주님을 내 마음에 왕으로 모셨다는 것입니다. 예수님께서 내 삶에 왕이 되어 내 자아를 다스리고 내 삶을 통치할 때, 내 마음의 왕국 속에 하나님의 나라가 이루어집니다. 내 마음속에 하나님의 의로우심이 하나님의 평화, 하나님의 기쁨, 하나님의 희락이, 내 마음 속에 이루어지기 시작합니다.

여기서부터 하나님의 나라는 시작됩니다. 하나님의 나라는 먼 곳에서부터 시작되는 것이 아니라, 지금 여기서 하나님을 받아들이는 그 순간 내 마음 속에서부터 시작됩니다. 물론 내 마음이 살아계신 주님 앞에 온전히 순복하지 못하기 때문에, 때때로 경험되었던 의와 평강과 희락은 다음 순간에 불의와 그리고 말할 수 없는 갈등과 슬픔으로 뒤바뀌게 됩니다. 그런 의미에서 하나님의 나라는 아직도 미래에 있읍니다. 이 나라는 우리 구주 그리스도를 통해서 완전하게 어느 날 이 땅에 실현될 것입니다.

그러나 이 나라가 현재를 의미하든, 완전한 미래를 뜻하든지 간에 누가 이 하나님의 나라에 들어갈 수가 있읍니까?

어느 날 예수님께서는 이 진리에 대한 깊은 구도의 질문을 껴안고 한밤 중에 찾아 왔던 니고데모에게 어떻게 말씀하셨읍니까? "내가 진실로 진실로 네게 이르노니 만일 사람이 거듭나지 아니

하면 하나님 나라에 들어갈 수가 없느니라 사람이 물과 성령으로
나지 아니하면 하나님 나라를 볼 수가 없느니라.”
　누가 하나님 나라에 들어갈 수 있다고 말합니까? 오직 거듭난
사람만이 하나님 나라에 들어갈 수 있읍니다. 예수님을 구주와 주
님으로 받아들이고 성령을 통해서 그 영혼이 다시 태어난 사람, 이
사람만이 하나님 나라의 맛을 알 수 있다고 말합니다.

　여기 본문에 주님께서 하신 말씀 가운데 큰 잔치를 배설한 어떤
사람은 다름 아닌 주님이십니다.
　주님께서는 이 사람처럼 오늘 많은 사람들을 이 하나님의 나라
로 초청하고 계십니다. 주님은 이 세상에 살고 있는 사람들에게
하나님 나라에로의 초대장을 보내시고 계십니다.
　옛날 유대인의 풍습에 의하면, 잔치에 사람들을 청할 때는 두
번 초청을 합니다. 한 번은 잔치 시간 훨씬 앞서서 청하고, 다음
으로는 잔치 시간에 임박하여 다시 한 번 청합니다. 본문에서도
16절 “많은 사람들을 청하고”에서 한 번 청하고, 17절에 “다시
청했던 사람들에게 또 종을 보내어 오소서”라고 두번째 권하고
있는 모습을 볼 수 있읍니다.

　여기 17절에 초대 석상의 말씀을 보십시요.
“오소서 모든 것이 준비되었읍니다.”
　옳습니다. 하나님의 나라에는 모든 것이 풍성하게 준비되어 있
다는 사실을 아십니까?
　이 나라에는 여러분이 목말라 하는 영생이 있읍니다.
　이 나라에는 여러분이 원하는 평화가 있읍니다.
　이 나라에는 당신이 추구하고 있는 의가 있읍니다.
　이 나라에는 당신이 그리워하는 영원한 기쁨이 있읍니다.
　이 나라에는 넘치는 사랑이 있읍니다.
　이 나라의 주인은 그리스도이십니다.
　그 분은 이렇게 말씀하십니다.

"오십시오. 당신이 원하는 모든 것이 이 나라에 준비되어 있읍니다."

이 모든 것을 그는 값없이 선물로 주시고자 사람들을 초청하고 계십니다.

이 모든 것을 위해서 당신이 해야 할 일은 아무것도 없읍니다. "오라 목마른 자들아! 물로 나아오라. 값없이 와서 포도주와 젖을 사라."

이것은 얼마나 지극한 하나님의 은총입니까? 우리가 해야 할 일은 아무것도 없읍니다. 나를 초청하시는 이 주님의 초청을 거절하지 않고 와서 먹기만 하면 됩니다. 이런 은혜로운 잔치를 세상 어디에서 볼 수 있읍니까? 이 커다란 잔치는 주인에 의해서 이미 모든 준비가 다 완벽하게 갖추어져 있고 다만 사람들을 은혜로 초청하고 있을 뿐입니다.

둘째로, 청함 받은 사람들의 반응을 살펴 봅시다.
그들의 반응을 18절 이하에서 볼 수 있는데, 초청 받은 사람들 모두 사양하기를 시작합니다. 성경은 말하기를 "다 일치하게 사양하여 가로되"라고 기록합니다. 그들은 "사양"이란 말을 준비하고 있었던 것입니다. 생각할 필요도 없읍니다. 이 변명은 연구할 필요도 없읍니다. 즉각적으로 그들은 "사양하여" 말합니다. 그들은 이 잔치에 초청한 주인의 사랑을 거절할 결심이 이미 서 있었던 것입니다.

첫번째 사람의 사양하는 모습을 보십시요.
"나는 밭을 샀으매 불가불 나가 보아야만 하겠읍니다."
"나가 보아야만 하겠다"는 이 말은 강력하게 거절하는 표현입니다. 그는 잔치에 안 가기로 이미 굳게 결심했읍니다. 밭은 그 핑계에 불과했던 것입니다. 아니, 이 사람은 밭을 보지도 않고 밭을 샀다는 말입니까? 하필이면 초대가 이루어진 그 시간에 밭을 보겠다는 이유는 도대체 무엇입니까?

　두번째 사람의 사양하는 모습을 보십시요. 어떻게 말하고 있읍니까?
"나는 소 다섯 겨리를 샀으매 시험하러 가니 청컨대 나를 용서하옵소서."
이것을 현대적인 표현으로 바꾼다면 "저는 방금 자동차를 새로 샀읍니다. 오늘은 마침 이 자동차의 시운전을 해야 하는 날입니다"라는 말입니다.
　그런데 왜 하필이면 이 시각에 소를 시험해야만 합니까?
아니 이 사람이 소의 성능을 시험해 보지도 않고 소를 샀다고 여러분은 상상할 수가 있읍니까? 잔치가 파한 후에 소를 시험해서는 안됩니까? 모든 것은 구실에 지나지 않습니다.

　세번째 사람은 또 어떻게 말합니까?
"나는 장가들었으니 그러므로 가지 못하겠읍니다."
저는 이 세 사람의 평계 중에서 이 마지막 사람의 호소는 어느 정도 설득력이 있다고 생각합니다. 이 사람의 호소는 그래도 어느 정도 이해해 주고픈 마음입니다.
　신명기 24장 5절에 보면 하나님께서 과거 모세의 율법을 통해서 대단히 흥미있는 법을 제정하시기도 했음을 알 수 있읍니다. 거기에 이런 말씀이 있읍니다.
"사람이 새로이 아내를 취하였거든 그를 군대로 내어 보내지 말 것이요 무슨 직무든지 그에게 맡기지 말 것이며 그는 일 년 동안 집에 한가히 거하여 그 취한 아내를 즐겁게 할찌니라."
　지금 이 세대에도 이런 법이 시행된다면 얼마나 좋을까요? 하나님은 인생의 행복의 조건들을 결코 멸시하지 않으십니다. 자비로우신 그분은 즐거운 유우머와 삶의 멋을 아는 분이십니다. 그러나 오늘 본문에 나타난 장가를 든 사람의 문제는 "가지 못하겠노라"는 고집입니다.

만일 이 잔치가 단순한 잔치가 아니라 생사를 좌우하는 중대한 잔치라면, 그래도 신혼 여행만을 고집하겠읍니까?

전쟁이 일어나도 신혼 여행을 가겠읍니까? 그는 가지 못하는 것이 아니라, 실상 더 깊은 내심의 고백은 가지 않겠다는 것입니다.

오늘 여러분의 변명은 무엇입니까? 아직까지 하나님 나라에 초청되어 영광스러운 잔치를 맛보며 주님과 함께 식탁에 앉아 교제를 즐기는 이 아름다운 신앙의 밀월을 즐기고 있지 못한다면 여러분의 신앙의 깊이는 어느 정도입니까? 여전히 교회에 출석하면서도 아직 예수 그리스도를 나의 구주로 받아들이지 못했다면 여러분의 변명은 무엇입니까?

변명의 역사는 인류의 역사 만큼이나 오래된 것입니다. 아담이 자기 타락의 이유를 여인에게 전가했고 여인은 뱀에게 전가시킨 이래로 인간은 불신앙의 이유를 쉽게 주장해 왔읍니다.

현대인들의 "사양"은 무엇입니까? 오늘 우리 주변의 이웃들이 아직도 이 잔치에의 초청을 거절하고 있는 그들의 합리적인 이유는 도대체 무엇입니까?

완전히 다 알아야만 믿겠다고 말하는 사람들이 있읍니다. 물론 하나님은 한 사람이 구원받기에 충분하고도 넉넉한 지식을 환경을 통해서 계시하고 있읍니다. 그러나 어느 누구도 하나님이나 성경에 대해서 완전히 다 알 수 있는 사람은 없읍니다. 저는 머리가 아플 때 아스피린을 즐겨 먹습니다. 그러나 실상 이 아스피린의 의학적인 성분이나 과학적인 일에 대해 전혀 아는 바가 없읍니다. 그렇지만 제가 이 아스피린에 관해서 다 알아야만 이 약을 먹을 수 있다는 논리가 통합니까?

저는 아직도 벽에 전기 스윗치를 올리면 전기불이 들어오는 이유를 충분한 공학적인 두뇌로 이해한 적은 없읍니다. 그러나 그 전기불 다 알아야만 스윗치를 올릴 수 있는 것은 아닙니다.

"아스피린은 두통에 참 좋은 약이야!" 또는 "저 스윗치를 올리면 전기불은 들어온다!"는 것으로 족합니다.

"주님을 믿으면 구원을 받는다."

그 사실만으로도 족합니다. 내가 그리스도와 성경의 넉넉한 지식을 알지 못한다 할지라도 "예수 그리스도를 믿으면 구원받을 수 있다"는 이 성경의, 기초적이며 근원적인 지식 앞에 "아멘" 할 수 있다면 그것으로 족합니다.

그리고 구원은 이루어집니다.

교인 중에 너무 위선자가 많아서 믿을 수 없다고 주장하는 사람들이 주변에 많이 있습니다. 모든 의사가 다 완전한 것은 아닙니다. 때때로 여러 병원에서 각각 다르게 진단을 내리는 것을 보면 당혹스런 일이 아닐 수 없습니다. 그 중에는 오진 정도가 아닌 돌팔이 의사도 끼여 있을 수가 있습니다. 그렇다고 여러 의사들을 다 불신하겠습니까?

요즘같이 교통 사고가 **많**은 때도 일찌기 없었을 것입니다. 그러나 이 많은 교통 사고를 피하기 위해서 자동차 무용론을 주장할 수 없지 않습니까? 우리 주변의 많은 위선자들 때문에 그리스도를 믿지 못할 이유는 없는 것입니다.

파스칼은 모든 시대의 구도자들이 알아야 할 말을 했습니다. "왜 이렇게도 이 세상에는 종교적인 가짜가 많은가? 그 이유는 진짜가 있기 때문이다."

아마도 진정한 것이 없을 때, 모방은 사라질 것입니다. 오늘 주변에 횡행하는 가짜 종교들, 가짜 종말론 신자들, 그리고 이 많은 것에 대한 실망 때문에 내가 주님을 거절하고 하나님 나라의 영광스런 초청을 거절할 이유는 아무것도 없습니다.

나는 죄가 많아서 주님을 믿지 못하겠다고 하는 선량한 이웃들이 우리 주변에 많이 있습니다.

그러나 "병이 많아서 의사에게 가지 못하겠습니다"라고 말하는 사람은 없읍니다. 그렇게 말하는 사람을 보셨읍니까?

우리 주 예수께서는 어떻게 말씀하십니까?

"내가 의인을 부르러 온 것이 아니요 죄인을 부르러 왔노라 병든 자라야 의원이 쓸 데 있지 건강한 자에게는 의원이 쓸 데 없느니라."

그분은 병든 자의 구세주이십니다.

목이 너무 말라서 물을 마시지 못하겠다는 사람은 없읍니다.

목이 타기 때문에 물의 필요는 너무도 절실한 것입니다.

우리에게 용서받지 못할 큰 죄란 없읍니다. 만약 유일하게 하나님 앞에서 용서받을 수 없는 죄가 있다면 그 죄가 무엇인지 아십니까? 그것은 내 죄를 용서하시고 나에게 새로운 삶과 그리고 하나님의 영광스런 은혜를 주시겠다고 약속한 하나님의 사랑의 초청을 거절한 죄입니다.

"선택되었다면 나는 구원받은 것이고 선택되지 못했다면 나는 구원을 얻지 못할 것입니다"라고 말하면서 이 신앙의 결단을 주저하는 사람들이 우리 주변에 종종 있읍니다.

신학적인 난제 때문에 이 신앙의 초청을 아직도 유보하고 있는 이웃들을 우리 주변에서 종종 볼 수가 있읍니다.

선택은 숙명론이 아닙니다.

나는 오늘 아침 나에게 이 설교를 하도록 주님께서 허락하셨고 예정하셨다고 믿습니다.

그렇다고 제가 입을 안 벌리고 가만히 있기만 하여도 설교가 이루어진다는 것은 결코 아닙니다.

오히려 하나님의 작정을 믿기 때문에 오늘 이 설교를 통해서 구원받으며 오늘 이 설교를 통해서 새로워질 수 있다는 사실을 믿기 때문에 저는 담대하게 부족한 저의 입술을 열어 영광스런 이 말씀을 선포하는 것입니다.

성경에 선택이나 예정이 단 한 번도 불신자에게 적용된 예는 없읍니다. 그것은 신자에게 보여 주시는 영광스러운 교리입니다. 내가 예수님을 믿었을 때 단순히 내 지적 결단이 아니라, 하나님의 도우심과 성령님의 감동하심과 하나님의 놀라운 역사가 배후에 있었다는 사실을 보여 줌으로 우리의 신앙을 확신케 하는 데 이 교리의 초점이 있습니다.

당신이 오늘 주님 앞에 나와 주님을 믿는다고 고백한다면 당신 **의 선택은 확실한 것입니다.**

우리 주변의 이웃들 가운데는 "너무 바빠서 믿을 수 없어요"라고 말하는 사람들이 있습니다.

오늘의 이야기에 나타난 사람들처럼 밭을 샀기 때문에, 소 다섯 겨리를 샀기 때문에, 그것들을 돌아보기에 바쁘다고 말합니다. 현대인들은 자기들의 집과 사업과 직장 때문에 바쁘다고 말합니다. 그러나 우리는 아무리 바빠도 식사할 시간은 있습니다. 아무리 바빠도 잠잘 시간은 만들고 있습니다. 아무리 바빠도 생존에 필요한 시간을 만들고 있습니다.

그런데 당신의 거룩한 구원을 위해서 이 가장 귀중한 시간은 왜 만들지 못하고 있습니까?

어떤 농부가 빌리 그래함 목사님을 찾아와서 이런 질문을 던진 적이 있습니다.

"목사님은 만약 주일 날 소가 구덩이에 빠지면 소를 건지시겠읍니까? 교회를 가시겠읍니까?"

빌리 그레함 목사님은 명답을 했읍니다.

"그거야 물론 건져야 하겠지요. 그러나 만일 그 소가 주일마다 구덩이에 빠진다면 그 소를 제발 팔아치우십시오."

초청에 대한 당신의 변명은 도대체 무엇입니까?

세째로, 이 본문을 통해서 주인의 반응을 살펴보시기 바랍니다.

21절에 "주인이 노하여"라고 기록되어 있읍니다.

성경은 하나님의 진노에 대하여 증언하고 있읍니다. 사랑의 하나님이시니까 모든 사람을 결국 다 구원하실 것이라고 믿는 것은 당신의 주관적인 판단에 불과할 수가 있습니다.

성경은 하나님의 사랑과 동시에 하나님의 공의와 심판을 가르치고 있습니다.

이 하나님의 공의가 없으면 역사는 목표와 목적이 없는 방향으로 계속 흘러가며 방황하게 될 것입니다. 주님의 호의를 거절하는 사람에게 주의 진노가 있을 것이라고 성경은 가르칩니다.

요한복음 3장 36절은 "아들을 믿는 자는 영생이 있고 아들을 순종치 아니하는 자는 영생을 보지 못하고 도리어 하나님의 진노가 그 위에 머물러 있느니라"고 말씀합니다.

그래서 주인은 어떻게 말하고 있습니까? 주인은 이렇게 말합니다.

"빨리 시내의 거리와 골목으로 나가서 가난한 자들과 병신들과 소경들과 저는 자들을 데려오라 그리하여 내 집을 채우라."

가난한 사람들, 병신들, 소경들, 저는 자들, 그들 모두는 결점이 있는 소외된 사람들입니다.

그러나 이 결함은 그들의 불행이 아니라 그들의 구원의 동기였읍니다.

약하기 때문에 그들에게는 호의와 친절을 거절하지 않는 겸허함과 겸손함이 있었읍니다.

오늘 당신이 부유하기 때문에 주님을 필요로 하지 않는다면, 건강하기 때문에 하나님의 도움을 저버린다면, 보고 듣기 때문에 영광스런 주의 말씀을 거부한다면, 지식이 있기 때문에 하나님의 거룩하신 초청을 거절하고 있다면, 당신의 부유, 건강, 보고 듣는 능력, 지식, 이 모든 것들 때문에 오히려 당신은 불행할 수 있읍니다.

그 후에 그 사건은 어떻게 전개됩니까?

22절에서 종은 이렇게 보고합니다.

"명하신 대로 하였으되 오히려 자리가 남았읍니다."

그 때 주님은 어떻게 말씀합니까? 주님은 이렇게 말합니다. "길과 산울 가로 나가서 사람을 강권하여 데려다가 내 집을 채우라."

주님은 마련된 연회석이 채워지기를 원하고 계십니다. 그래서 사람들을 데려다가 강권하여 내 집을 채우라고 말씀하시고 계십니다. 여기에서 강권은 강요와는 다릅니다. 이것은 정성을 다하여 상대방의 인격 앞에 호소를 하는 것입니다. 상대방의 지식에, 감정에, 의지에, 상대방의 전 인격에 호소하는 것입니다.

사랑하는 여러분, 하나님의 나라에는 많은 좌석들이 예비되어 있읍니다.

주님은 요한복음 14장 2절에서 이렇게 말씀하고 계십니다. 세상을 떠나기 직전에 말씀하시고 계십니다. "내 아버지 집에 거할 곳이 많도다."

주님은 그 풍성한 자리를 예비하시고 계십니다. 이것은 당신을 위해서 예비된 것입니다. 그래서 당신에 의해서 그 자리가 채워지기를 원하고 계십니다.

그분은 풍성함과 충만함을 기뻐하십니다. 그래서 나의 집을 채우라고 명하십니다. 그분은 하늘나라에 많은 자리를 예비해 두고 기다리십니다.

마지막으로 이 본문을 통해서 본문에 나타난 종들의 순종에서 깊이 배우고 싶습니다.

17절에 보면, 큰 잔치를 배설하고 부리는 종들을 보내었읍니다. 그리고 "오소서"라고 청하고 있읍니다. 사도라는 말은 "보내심을 받은 자"라는 뜻입니다. 선교사라는 말도 "보내심을" 받은 자"라는 뜻입니다. 예수 그리스도는 최초의 선교사였읍니다. 그분은 성부 하나님으로부터 이 세상에 보내심을 받은 자입니다.

그런데 예수님은 제자들에게 이렇게 말씀하십니다. "아버지께서 나를 보내신 것같이 나도 너희를 보내노라."

오늘 이 보내심에 순종하시겠읍니까?

누군가가 말했듯이, 예수 그리스도가 그 마음 속에 있는 사람은 모두 다 선교사입니다. 그리스도가 없는 모든 영혼들이 우리의 선교를 기다리는 피선교지들입니다.

21절에서 우리는 종들이 돌아와 주인에게 고하는 모습을 볼 수 있읍니다.

우리는 전도의 성패에 대하여 민감할 필요가 없읍니다. 우리의 책임은 초청을 전하는 것뿐입니다. 이 초청을 수락하는 것은 초청자와 초청 받은 사람의 개인적인 관계에 있읍니다. 종은 단순히 책임을 이행하고 보고하는 것뿐입니다.

우리가 주님을 만나는 그 날, "주님이여, 나는 이 하늘나라의 잔치에 사람들을 초청하는 놀라운 소식을 전하는 한 심부름꾼으로서 신실하고 성실하게 책임을 다하였읍니다"라는 사실로 족합니다.

이 초청의 응답에 관해 궁극적인 책임은 하나님께서 개인적으로 초청한 사람들에게 물으실 것입니다.

당신은 이 놀라운 하늘나라의 초청의 소식을 전하는 하나님의 심부름꾼이 되기를 원하십니까?

21절에 보면, 주인은 종을 다시 한 번 보냅니다.

"빨리 가서 데려오라."

다시 종이 갔다 와서 아직도 자리가 비었다고 말합니다.

주님은 또 다시 말합니다.

"길과 산울로 나가서 사람을 강권하여 데려다가 내 집을 채우라."

집이 채워질 때까지 주님은 종들을 보내고 또 보내시며, 종은 순종하여 나가고 또 나가서 사람들을 데려오는 모습을 이 말씀에서 보십시요.

이것이 바로 우리가 할 일입니다. 우리는 사람들이 교회에 나오도록 그냥 앉아 있을 수만은 없읍니다.

성경은 우리가 나가야 한다고 말했읍니다. 여러분은 복음을 기다리는 사람들이 있는 곳으로 가서 그들에게 인생의 궁극적인 보람, 참되고 영원한 가치, 무궁한 생명, 하나님과 인간 사이의 관계, 이 모든 것을 준비하시고 초청하는 하나님의 사랑, 이 엄청난 기쁜 소식을 전하시겠읍니까?

오늘 여러분 가운데는 아직도 이 초청을 수락못한 분이 계실지도 모릅니다. 저도 감히 주님의 이름으로 오늘 강권하기를 원합니다.

오십시오!

주님께로 오십시오!

이 "오소서"라는 말이 성경에 천 구백 번이나 기록되어 있읍니다.

우리는 하나님의 심정을 이해할 수가 있읍니다. 창조주 하나님은 피조물들이 그분과 관계를 맺고 그 사랑의 관계 속에서 누리는 이 풍요한 삶을 우리에게 주시고 싶어하는 열망 때문에 그분은 오늘도 다시 한 번 우리를 초청하십니다.

"수고하고 무거운 짐진 자들아 다 내게로 오라 내가 너희를 편히 쉬게 하리라."

계시록 22장 마지막 페이지를 열어보면 성경은 이렇게 말합니다.

"성령과 신부가 말씀하시기를 오라 하는도다 듣는 자도 오라 할 것이요 목마른 자도 올 것이요 또 원하는 자는 값없이 생명수를 받으라."

이사야 1장 18절에 기록된 말씀을 보십시요.

"오라 우리가 서로 변론하라 너희 죄가 주홍 같을지라도 눈과 같이 희어질 것이요 진홍같이 붉을지라도 양털같이 되리라."

오라. 오라. 오라.

교회에는 오시지만 십자가 앞에서 나오시지 못하는 분, 예배당에는 출석했지만 예수 그리스도께 나와 그 십자가 앞에 무릎을 꿇고 예수 그리스도를 나의 주님으로 고백하시지 못하신 분, 아직도 이 초청을 거절하는 당신의 이유는 무엇입니까?

무엇 때문에 아직도 이 초청을 거절하십니까?

어느 주일학교 학생이 죽어가고 있었읍니다. 주님을 사랑했던 이 어린이는 예수 그리스도를 믿지 않고 있던 자기의 아버지에게 죽어가면서 마지막 한 번 더 호소합니다.

"아버지 저는 천당가요. 그러니 아버지 예수님 믿으세요."

호소하는 이 어린 아이의 절규 앞에 그래도 냉담한 이 비정한 아버지, 계속 신앙의 결단 앞에 끝까지 침묵을 지키는 이 잔인한 아버지에게 아들은 마음을 다하여 마지막 질문을 이렇게 던졌읍니다.

"아빠 주님 앞에 가서 아빠가 왜 예수님을 안 믿는다고 말씀을 드릴까요?"

여러분은 어떻습니까?

"주님 앞에 가서 왜 남편이 주님을 안 믿는다고 말씀을 드릴까요?"

"주님 앞에 가서 왜 아내가 주님을 거절했다고 말씀드릴까요?"

"주님 앞에 가서 왜 사랑하는 아들이 주님을 거부했다고 말씀드릴까요?" 묻습니다.

우리 중에 누군가가 먼저 주님 앞에 가신다면 당신의 이야기를 주님 앞에서 하면서 당신이 아직도 주님을 거절하고 있는 이유가 무엇 때문이라고 말씀을 드릴까요?

당신의 변명은 무엇입니까?

어떤목자

모든 세리와 죄인들이 말씀을 들으러 가까이 나아오니 바
리새인들과 서기관들이 원망하여 가로되 이 사람이 죄인
을 영접하고 음식을 같이 먹는다 하더라 예수께서 저희에
게 이 비유로 이르시되 너희 중에 어느 사람이 양 일백 마
리가 있는데 그 중에 하나를 잃으면 아흔 아홉 마리를 들
에 두고 그 잃은 것을 찾도록 찾아 다니지 아니하느냐 또
찾은 즉 즐거워 어깨에 메고 집에 와서 그 벗과 이웃을 불
러 모으고 말하되 나와 함께 즐기자 나의 잃은 양을 찾았
노라 하리라 내가 너희에게 이르노니 이와 같이 죄인 하나
가 회개하면 하늘에서는 회개할 것 없는 의인 아흔 아홉을
인하여 기뻐하는 것보다 더하리라
－ 누가복음 15장 1~7절

주 님께서는 최후 여정이었던 예루살렘을 향하여 무거운 발걸음을 재촉하고 계셨읍니다. 그분은 마지막 가시는 길에서도 구원의 말씀을 증거하셨읍니다. 그 때 주님의 설교에 귀를 기울인 청중들은 대부분 세리들과 창기들 그리고 범법자들이었읍니다. 그들의 마음은 하나 같이 가난하였읍니다. 그들에게 불리한 사회적인 여건과 도덕적인 열등의식이 그들의 마음을 가난하게 하였을 것입니다.

예수님께서는 율법과 사회가 정죄하고 내어버린 이 사람들과 교제를 나누시며 즐거운 심정으로 천국의 멧세지를 전하셨읍니다. 이 때는 주께서 증거하실 마지막 기회였기 때문에 더욱 열과 성을 다해서 복음을 증거하셨을 것입니다.

바리새인들과 서기관들은 이런 예수님의 태도를 못마땅하게 여겼읍니다. 그들은 자칭 의인들로서 예수님의 말씀을 받아들이기엔 지나치게 부요하였읍니다. 오만과 자존심으로 가득 차 있었기 때문입니다. 이들은 '나는 저 세리들과 창기들 그리고 **범법자들** 과 다르다'고 자위하면서, 인간을 함부로 정죄하고 사랑을 등졌읍니다. 실상 그들은 천국문을 막아서는 더 무서운 죄를 짓고 있으면서도 자신들의 위선적이고 황폐한 영적 상태에 대해서는 눈이 멀어 있었읍니다.

그들은 죄인의 회개를 위한 것이 아니라 죄인의 멸망을 원하고 있었읍니다. 그들은 예수님께도 자기들의 존경을 받으려고 그 더러운 무리들을 떠나 깨끗한 의인들, 돈이 있고 권력과 지위가 있는 자기들의 한 패가 될 것을 제안하였읍니다.

실제로 바리새인들은 세리와 창기의 무리들에 대하여 율법을 정하였는데, 그 율법 중의 하나가 이들에게는 돈을 맡기지 말며 이들을 증인으로 세우지도 말고, 비밀을 말하지도 말며, 자선금의 관리자로 삼지도 말고 여행의 동행자가 되지도 말라고 기록하였읍니다.

그러나 예수님께서는 이러한 서기관과 바리새인들에게 메시야가 이 땅에 찾아온 사명을 깨우쳐 주기 위해서, 잃은 양을 찾아 나서는 선한 목자의 비유를 말씀하셨습니다.

그 말씀의 핵심은 「목자가 양을 피해서야 되겠느냐?」하는 것이었습니다. 아무리 그 양이 더럽혀져 있다 하여도 피해서는 안된다고 주님은 말씀하셨습니다.

예수님은 잃어버린 양 즉 길 잃은 죄인을 찾아 오심을 선언하셨습니다. 이는 소외되고 눌리고 짓밟혀 피투성이가 된 죄인의 영혼을 찾으시는 구세주의 구원의 드라마가 펼쳐지는 감격스러운 이야기입니다. 이 이야기 속에서 잃어버린 양은 바로 당신의 자화상일 수가 있습니다.

여기 당신을 향한 주님의 완전한 관심이 있습니다. 완전한 추적이 있습니다. 완전한 사랑 그리고 기쁨이 있습니다.

완전한 관심

본문의 교훈 속에 나타난 한 영혼을 향한 주님의 관심을 주목해 보십시오. 팔레스타인의 목장은 이상적인 것은 못됩니다. 좁은 유대 광야와 요단 계곡과 동부의 고원지대 그리고 아라비아 사막 등으로 연결된 이스라엘 땅은 아름답고 비옥한 땅이 아니었습니다. 가파른 벼랑, 험준한 계곡, 삭막한 황무지는 양들의 낙원은 아니었기 때문입니다. 그러기에 목자의 책임은 더욱 크고 무거웠습니다. 양들을 잃어 버리고 양들이 상처를 받는 일이 흔했습니다. 그날 석양에도 목자는 양을 세고 있었습니다. 그의 양은 정확히 백 마리 였는데 아무리 세어도 아흔 아홉 마리 뿐이었습니다. 한 마리가 없어진 것입니다.

그 순간부터 목자의 모든 관심은 잃어버린 한 마리의 양에게 집중되고 그는 잃어버린 양만을 생각하고, 양을 찾을 때까지 먹을 수도 없고 잠을 이루지도 못하였습니다. 그의 뇌리에는 온통 불쌍한 양의 환상으로 가득 차 있었기 때문입니다.

그가 왜 이렇게까지 양을 생각했을까요?

첫째로, 목자는 잃어버린 양의 본질과 생리를 잘 알고 있었기 때문입니다.
양은 방향을 잡지 못하는 동물입니다. 개나 고양이는 집을 찾을 줄 알지만 양은 제 집을 찾지 못합니다. 이처럼 방향감각이 없는 양을 거친 광야에서 잃었으니 목자의 가슴이 얼마나 답답하겠읍니까?

둘째로, 양은 자기의 보호 방법인 자구책이 없는 동물입니다.
모든 동물은 어떤 방법으로든 스스로를 보호합니다. 어떤 동물은 주변 자연의 색깔과 비슷한 보호색을 만들어 자기의 몸을 숨깁니다. 또한 신체의 일부분을 공격무기로 사용하는 것도 있읍니다. 그런데 양에게는 이런 자구책이 전혀 없읍니다. 외부의 도전과 공격에 무방비 상태로 노출되는 동물입니다. 싸움도 못하고 도망도 못합니다. 이 양이 어느 이리의 먹이가 되었을지 모르고, 어느 사자의 날카로운 이빨 앞에 떨고 있을지도 모른다고 생각하니 목자의 심정은 답답하고 안타까울 뿐이었읍니다.

세째로, 양은 먹이도 구하지 못합니다.
낙타는 멀리서도 물을 발견하고, 독수리는 먼 거리에서도 먹이를 재빠르게 찾아냅니다. 그러나 그런 능력이 없는 양이 굶주려 죽어 갈지 모른다고 생각하는 목자의 심정은 어떠했겠읍니까?
목자는 벼랑과 계곡과 황무지로 덮힌 팔레스타인 고원을 바라보며 사랑하는 양의 비참한 운명을 생각하였읍니다.

네째로, 그 양은 자기의 양이었기 때문입니다.
이스라엘 백성 중에 평민들은 자신의 양을 소유하기가 쉬운 일이 아니었읍니다. 때문에 보통 마을 공동 소유의 양떼를 길렀고, 목자들은 삯을 받고 고용된 사람들이었읍니다. 그런데 이러한 삯군 목자는 이리가 올 때, 양을 버리고 도망가기 일쑤였읍니다. 자기 양이 아니기 때문입니다.

그러나 본문에 나오는 목자는 양을 자기의 소유로 갖고 있었던 것 같습니다. 그러기에 잃어버린 양에 대한 애착과 집념이 더욱 컸을 것입니다.

성경은 그리스도인들이 모두 주님의 소유라고 말씀합니다. 하나님은 우리를 창세 전에 선택하시고 창조하시며, 죄 가운데 팔렸을 때에 죄값을 치르고 우리를 사서 그분의 자녀가 되게 하셨읍니다. 그러므로 주님은 그리스도인들에게 "너는 내 것이라"(사 43 : 1)고 말씀하십니다. 또한 '아버지께서 내게 주신 자들'이라고 말씀하셨읍니다. 때문에 주님은 더욱더 당신을 포기하실 수 없읍니다.

무엇으로 양을 잃은 목자를 위로할 수 있겠읍니까?
어린 아이를 유괴당한 부모를 위로해 보십시오. 잃어버린 그 자녀를 찾기 전에는 아무것도 위로가 되지 못합니다. 목자의 심정도 이와 같습니다. 마침내 목자는 모든 것을 버려두고 양을 찾아 나섰읍니다. 잃어버린 한 마리의 양에 모든 관심이 집중되었읍니다. 이것은 오늘 당신과 나를 향한 구세주 예수 그리스도의 전인적인 관심을 나타내 주고 있읍니다.

완전한 추적

이것은 잃어버린 양에 대한 완전한 추적입니다. 분명한 대상에 대한 추적입니다. 팔레스타인의 양과 목자의 관계는 단순히 양을 길러 고기를 먹고 털을 제공하는 상업적인 관계만은 아니었읍니다. 많은 경우에 목자들은 애정의 대상으로 양을 기르며, 양 한 마리 한 마리에 이름을 붙여 부르기도 하였읍니다. 그러면 양은 목자의 음성을 듣고 알았으며 목자도 양을 알았읍니다. 이런 경우 목자는 양에게 지극한 애정을 쏟았읍니다.

　팔레스타인의 들과 계곡에는 잃어버린, 미아와 같은 양들이 더러 서성이고 있었으므로, 목자가 잃어버린 양을 찾아 나섰을 때 그 중에 아무것이나 하나를 붙들어 아흔 아홉 마리 중에 보태어 숫자를 채우는 일은 어렵지 않았읍니다.

　하지만 목자는 잃어버린 그 양을 꼭 찾아야만 했읍니다. 사랑했던 그 양이 아니고서는 안되었읍니다. 그 양이 절름발이 병신이었을지도 모릅니다. 허약한 양이었을지도 모릅니다. 그 때문에 목자는 결코 포기할 수 없는 심정으로 그 양을 추적합니다. 이 한 마리의 양을 향한 목자의 관심 속에서 우리는 구세주 **예수 그리스도의 한 개인을 향한 관심**을 봅니다.
그분은 여리고를 찾아 왔읍니다. "삭개오야"하고 개인을 부르셨고, "마르다야!"하고 부르셨읍니다. 자기를 배신하고 옛 직업으로 되돌아 간 베드로를 찾아 오셔서도 "요한의 아들 시몬아"하고 부르셨으며, 부활하신 주님의 소식을 모르고 어둠 속에 머물러 있던 마리아에게 "마리아야"하고 말씀하셨읍니다. 구체적이며, 분명한 대상인 한 개인을 추적하는 주님의 모습입니다.

　그는 모든 난관을 극복하고 추적합니다. 누군가 목자에게 이렇게 말했을지도 모릅니다.
"그 길에는 바위가 많소."
그렇다고 하여 그 목자는 추적을 포기할 수 없었읍니다. 누군가는 "그 길에는 깎아내린 벼랑이 있소. 험한 계곡이 있소"라고 말했을 것입니다. 그래도 목자는 포기할 수 없었읍니다. 목자에게는 무서운 것이 없었읍니다. 아무리 멀고 험준해도 상관 없고, 어떤 장애도 문제가 되지 않았읍니다. 무서운 것은 단 하나, 그가 양을 찾기 전에 사랑했던 그 양이 최후를 마치는 것이었읍니다. 이 세상 끝까지라도 찾아 가고픈 목자의 심정은 스스로 개인적인 추적에 나섰읍니다. 목자는 사람들을 동원하여 찾았을 것입니다. 그러나 일군들만 보내고 집에 앉아 기다릴 수 없는 것이 목자였읍니다. 그는 그 자신 스스로가 양을 찾기 위해서 계곡과 들로 나셨읍니다.

우리의 주님께서도 잃어버린 죄인을 찾기 위해서 선지자와 사도를 보내셨읍니다. 선교사를 보냅니다. 전도자를 보냅니다. 그러나 그러고만 있기에는 너무 답답하셨읍니다. 마침내 그분은 영광스러운 하늘의 보좌를 버리시고, 그분 자신이 역사와 시간 속에 구체적으로 개입하셔서 인간을 찾아 이 땅에 오셨읍니다.

목자는 지속적으로 양을 추적합니다. 4절에 보면, "그 잃은 것을 찾아 다니지 아니하느냐"라고 기록되었고 계속해서 잃어버린 양을 찾아 다니는 목자의 모습이 나타납니다. 목자는 낮에만 찾는 것이 아닙니다. 밤에도 찾고 새벽에도 찾았읍니다. 하루 이틀에 찾지 못하니 한 주간 아니 한 달도 찾았을 것입니다. 일 년도 찾았을 것입니다. 평생이라도 포기할 수 없는 집념어린 추적의 계속입니다. 오늘 그리스도인의 전도와 얼마나 다릅니까? 우리는 한 번 전도하고 포기합니다. 그러나 목자는 포기할 수 없는 집념으로 양을 추적하여 마침내 찾았읍니다. 목자의 집념이 성공한 것입니다. 하나님의 집념은 실패할 수가 없읍니다. 예수님의 집념은 실패할 수가 없읍니다. 성령님의 집념은 실패할 수가 없읍니다. 아니 실패해서는 안됩니다. 여기서 포기할 수 없는 집념으로 당신을 찾으시는 우리 구주 예수 그리스도의 거룩한 모습을 발견하십시오. 당신을 향한 완전한 추적의 모습이 부각되고 있읍니다.

완전한 사랑

목자는 양을 찾아서 어깨에 메고 돌아옵니다. 목자가 양을 찾은 그 때에 그 양의 형편은 어떠하였을까요? 아마도 굶어서 허기져 아사하기 직전이었을 것입니다. 아니 이리 떼에게 삼키우기 직전이었을지도 모릅니다. 가시에 찔려 피를 흘리고 기진한 상태였을

지 알 수 없습니다. 어느 구덩이에 빠져서 신음하고 있었을 수도
있습니다. 먼지와 진흙 투성이가 되어 더럽혀진 양은 피곤과 절
망 속에 지쳐 있었을 것입니다. 그러나 목자는 양을 책망하지 않
습니다. 조건없이 그 양을 구출하기로 결심합니다. 그리고 먼저
구덩이에서 건져냈습니다.

이것은 주님께서 우리를 구원하신 사실과 유사합니다. 시편 기자
는 "내가 여호와를 기다리고 기다렸더니 귀를 기울이사 나의 부
르짖음을 들으셨도다 나를 기가 막힐 웅덩이와 수렁에서 끌어 올
리시고 내 발을 반석 위에 두사 내 걸음을 견고케 하셨도다" (시
40 : 1, 2) 라고 하였습니다.

양을 구덩이에서 끌어 올린 목자는 집에서 준비해 온 정성어린
도시락을 그 양에게 제공했을 것입니다. 허기져 지쳐 있을 양을 생
각한 목자라면 마땅히 양식을 준비하였을 것입니다. 예수님은 "내
가 문이니 누구든지 나로 말미암아 들어가면 구원을 얻고 또 들어
가며 나오며 꼴을 얻으리라" (요 10 : 9)고 말씀하십니다. 예수
님은 생명을 얻되 더 풍성히 얻게 하려고 오셨습니다.

그분은 우리에게 싱싱하고 영광스러운 생명의 **꼴인** 영생을 허
락하셨습니다.

먹을 것을 양에게 준 목자는 그 양을 어깨에 메었습니다. 그는
친히 양의 피곤함과 연약함을 짊어진 것입니다. 성경은 말씀하시
기를, "친히 나무에 달려 그 몸으로 우리 죄를 담당하셨으니" (벧
전 2 : 24) 라고 말씀합니다. 이사야 선지자는 "우리는 다 양 같
아서 그릇 행하여 각기 제 길로 갔거늘 여호와께서는 우리 무리
의 죄악을 그에게 담당시키셨도다" (사 53 : 6) 라고 말했습니다.

양은 목자의 어깨 위에서 오랜만에 안식을 취합니다. 그는 그
동안 너무 지치고 피곤하였습니다. 몸과 마음과 영혼이 함께 피
곤해 있었습니다. 그러나 비로소 목자의 어깨 위에서 안식합니다.
주님께서는 "수고하고 무거운 짐진자들아 다 내게로 오라 내가 너

회를 편히 쉬게 하리라"고 말씀하셨습니다.

양이 목자의 어깨 위에 올라 앉아서 집으로 돌아오는 장면을 생
각해 보십시오. 이 어깨는 복수로 기록되어 있습니다. 한 어깨가
짊어지신 것이 아닙니다. 양쪽 어깨에 그의 양을 올려 놓았습니
다. 그리고 그의 능력으로 양의 목숨과 행복과 안전을 보장하며
그가 있어야 할 본향의 초장으로 인도합니다. 이 아름다운 목자
의 모습을 보십시오.

요한복음 10장 28절에 말씀하시기를 "내가 저희에게 영생을
주노니 영원히 멸망치 아니할 터이오 또 저희를 내 손에서 빼앗
을 자가 없느니라"고 하셨습니다. 아무도 그분의 손에서, 목자의
어깨에서 빼앗아 갈 수 없습니다. 이는 우리 구세주의 사역과 동
일합니다. 그는 하나님으로서 인간 육신을 입으시고 우리를 찾아
이 땅에 오셨습니다. 구세주의 일생은 우리를 찾으시는 삶의 여정
이었습니다. 그분의 죽으심은 우리의 죄를 담당함이었습니다. 그
분의 부활은 우리에게 영생을 주시고 안식을 제공하기 위함입니
다. 그분의 상처는 우리를 영원한 본향인 하늘나라로 데려 가시
기 위함이었습니다. 얼마나 완전한 사랑입니까?

완전한 기쁨

목자의 어깨 위에서 안전을 보장받으면서 안식을 취하며 돌아오
는 양의 영광스런 행복의 여정에는 완전한 사랑이 있습니다. 그
리고 완전한 기쁨이 있습니다. 성경은 "내가 너희에게 이르노니
이와 같이 죄인 하나가 회개하면 하늘에서는 회개할 것 없는 의
인 아흔 아홉을 인하여 기뻐하는 것보다 더 하리라"고 하셨습니
다.

멀리 떨어져 있는 아들의 병든 소식어 들려오면 그 소식을 들은
어머니는 어떻게 합니까? 찾아갈 것입니다. 그리고 주야로 사랑
하는 아들을 간호할 것입니다. 그 어머니께 물어보십시오. "어머
니 피곤하지 않으십니까?" "아니오, 차라리 이렇게 하는 것이

마음 편합니다"라고 어머니는 대답할 것입니다.

오랜 동안 많은 거리를 헤매여 잃은 아이를 찾아 온 어머니께 물어보십시오.

"얼마나 고생 하셨읍니까?"

"아니오. 나는 오히려 기쁩니다"라고 말씀하지 않겠읍니까?

본문의 목자에게 물어 보십시오.

"목자여 그동안 얼마나 고생이 많았소?"

"아니오. 기쁩니다."

십자가에 달리신 주님께 물어보십시오."

"주님 고통스럽지 않으십니까?"

"물론 고통스럽다. 그러나 이것은 기쁜 일이고 즐거운 일이다." 히브리서 기자는 "저는 그 앞에 있는 즐거움을 인하여 십자가를 참으사"라고 하였읍니다. 주님께서는 그분의 십자가의 사역을 통해서 구원받아야 할 영혼들을 바라보며 기뻐하셨읍니다. 본문을 보면 누가 기뻐했읍니까? 이웃입니까? 아닙니다. 목자의 친구들인가요? 아닙니다. 잃어버렸다가 다시 길을 찾아 돌아오는 양 일까요? 아니예요. 물론 양도 기뻐했겠지요. 그러나 제일 기뻐했던 기쁨의 주인공은 목자 자신이었읍니다.

우리가 예수님을 믿고 구원받았을 때 우리 마음 속에 분명히 넘치는 기쁨이 있읍니다. 그러나 우리의 기쁨은 우리를 찾아서 구원된 사실을 바라보며 기뻐하는 우리 구세주의 그 기쁨에 비교될수 있겠읍니까? 하나님이 더 기뻐하십니다. "죄인 하나가 회개하면 회개할 것 없는 아흔 아홉을 인하여 기뻐하는 것보다 더 하리라"고 하신 말씀에 나타난 목자의 심정을 이해하십니까? 일곱형제를 둔 가족이 있었읍니다. 그런데 그 중의 한 형제가 사경을 헤매다 회복되었읍니다. 그 때 건강한 여섯보다 회복된 하나를 인하여 온 가족이 기쁨을 이기지 못하는 그 기쁨을 이해할 수 있다면, 99 : 1의 기쁨을 이해할 수 있을 것입니다.

목자의 큰 기쁨, 그리고 완전한 기쁨, 이것은 광야가 험한 것을 아는 목자이기에 더욱 큽니다. 아니 광야에서의 최후가 얼마나 비참한 것인가를 너무 잘 알고 있는 목자이기에 그 감격과 기쁨이 더 했을 것입니다.

우리 주님의 기쁨을 상상해 보십시오. 왜 기뻐하십니까? 그분은 죄악의 비극을 우리가 아는 것보다 더 **깊이** 아십니다. 우리가 가지고 있는 악의 깊이와 지옥의 침상을 우리가 아는 것보다 더 **깊이** 아십니다. 그런데 우리가 그 속에서 구원을 받았으니 주께서 얼마나 기뻐하시겠읍니까? 그분은 구원의 위대성을 우리가 이해할 수 있는 것보다 더 깊이 이해하십니다. 천국의 즐거움을, 천국의 아름다움을 더 크게 위대하게 이해하십니다. 그러기에 주님이 더 기뻐하시는 것입니다. 죄인 하나가 회개합니다. 그 순간 천국에서는 **국경일이** 선포될 것입니다. 그리고 축제가 열릴 것입니다.
스펄젼은 "한 영혼이 구원받는 그 순간 하늘의 예루살렘 거리는 구세주의 기쁨의 눈물로 강을 이룰 것입니다. 그리고 천사들과 성도들은 이 기쁨의 강물에서 함께 헤엄치며 즐거워할 것입니다"라고 말했읍니다.

양은 지혜있는 것 같지만 대단히 미련한 존재입니다. 그래서 그 양은 일찌기 중대한 실수를 저질렀읍니다. 목자와 함께 안전한 울 안에 머물러 사는 것을 버리고 위험을 선택했읍니다. 희망을 버리고 죽음을, 자유대신 노예를, 생명대신 죽음을 선택했읍니다. 그러나 아직 희망은 있읍니다. 마지막 순간, 최후의 순간이지만 목자는 아직도 양을 찾고 있읍니다. 마치 십자가 상에서 회개한 강도가 그의 생애의 마지막 순간에 목자인 예수님을 발견한 것과 같습니다. 그는 신음하며 부르짖었읍니다.
"주여! 당신의 나라에 임할 때 나를 구원하소서."
그는 구원되었읍니다.

하나님을 떠나 말할 수 없는 참상 속에서 우리가 할 수 있는 일
은 무엇입니까? 아무것도 없습니다. 다만 부르짖으십시오. 예수
그리스도의 이름을 부르십시오. 성경은 "누구든지 주의 이름을 부
르는 자는 구원을 얻으리라"고 말씀합니다.

당신이 해야 할 일은 아무것도 없습니다. 목자가 찾아와서 손
을 내밀 때 기진하여 손을 내밀 수 없다고, 그 목자의 손길을 거
절하지 마십시오.

이 말씀은 불신자들 뿐만 아니라 신자들에게도 적용됩니다. 양
은 우리 안에 있다가 떠났습니다. "나는 일시 주님과 교제했다가
오랜 동안 주님 없이 방황했습니다. 그러나 주님 앞에 돌아와야
할 필요를 느낍니다."
이것이 당신의 고백은 아닌지요?
99:1의 사랑으로 사랑의 주님은 지금도 당신을 향해 다가오고
계십니다.

어떤 여자

어느 여자가 열 드라크마가 있는데 하나를 잃으면 등불을
켜고 집을 쓸며 찾도록 부지런히 찾지 아니하겠느냐 또 찾
은즉 벗과 이웃을 불러 모으고 말하되 나와 함께 즐기자
잃은 드라크마를 찾았노라 하리라 내가 너희에게 이르노니
이와 같이 죄인 하나가 회개하면 하나님의 사자들 앞에 기
쁨이 되느니라
- 누가복음 15장 8 ~ 10절

누가복음 15장에는 세 가지의 비유가 기록되어 있읍니다. 3절에서 7절까지는 어떤 사람, 즉 아흔 아홉 마리의 양을 두고 잃어버린 한 마리의 양을 찾아 나서는 목자의 비유입니다. 그리고 8절 이하 10절에는 어떤 여자로서 열 개의 드라크마 가운데 잃어버린 한 드라크마를 찾는 비유가 기록되어 있읍니다. 이어서 11절로 24절에는 두 아들을 둔 어떤 아버지가 한아들을 잃었다가 다시 찾은 비유입니다.

이 세 가지 비유는 모두 잃었던 것을 다시 찾는 공통점이 있읍니다. 그러나 이 비유들을 잘 연구하고 묵상해 보면 사소한 차이점들이 나타나기도 합니다.

첫번째, 길을 잃은 양은 자신의 의지로 목자를 떠나 잘못된 길로 들어갔읍니다. 이 비유에서 우리는 자의적 행동에 의해서 죄를 범하므로 죄인이 된다는 것을 알 수 있읍니다.

두번째, 드라크마의 비유에서 은전은 자신의 의지와는 아무런 상관없이 타의적으로 잃어버린 운명에 처하게 되었읍니다. 이는 우리가 죄를 범하므로 죄인이 되는 것이 사실이지만 반면에 우리가 죄인으로 태어나기 때문에 우리의 의지와는 아무 상관없이 이미 죄인된 운명과 죄인의 실존의 자리에 있음을 보여 줍니다.

세번째 비유는 탕자의 비유입니다. 이 탕자의 비유를 이해하려면 첫째와 둘째 비유를 완전히 이해하여야 합니다. 우리는 흔히 아들이 돌아올 때 아버지가 영접했다고 지적합니다. 그러나 첫번째 비유에서 목자가 양을 먼저 찾아 나섰다는 사실을 잊어서는 안됩니다. 우리는 아들이 자기의 의지로 아버지께로 돌아온 결심을 지적합니다. 그러나, 한편 두번째 비유에서처럼 전혀 무의지적이고 무기력한 드라크마를 여자가 능동적으로 먼저 찾기로 결심한 것을 잊지 말아야 합니다.

한 인간이 구원을 받기 위해서는 그가 결심하고 회개해야 함은 사실입니다. 그러나 이것은 하나님께서 먼저 우리에게 오셔서 회개를 촉구하시고 역사하신 결과 그 응답으로서 나타나는 것입니다.

첫째 비유에서 잃어버린 한마리 양을 찾아나서는 목자는 누구입니까? "나는 선한 목자라 나는 양들을 위해서 목숨을 버린다"고 말씀하신 예수님의 모습을 볼 수 있지 않습니까?

두번째 비유에서 잃어버린 드라크마 하나를 찾고 있는 여자는 예수 그리스도의 신부인 교회와 성도들을 통해서 잃어버린 영혼 속에 빛과 생명을 주어 그들을 주께로 돌아오게 하시는 성령 하나님의 역사를 연상시켜 주고 있습니다.

세번째 비유에서 잃은 아들을 찾아 기뻐하는 아버지는 하늘에 계신 하나님의 놀라운 사랑을 보여 주고 있습니다. 성부와 성자와 성령 삼위일체 하나님께서 잃어버린 피조물인 인간을 찾고 계십니다.

이제 본문의 두번째 비유에 촛점을 맞춥니다. 우리가 잃은 드라크마를 찾는 여자를 통해서 깨달아야 할 교훈은 무엇입니까?

잃어버린 은전

먼저 은전 하나를 잃었다는 사실을 주의하여 생각합시다. 여인은 등불을 켜고 온 집안을 쓸었습니다. 먼지 속에다 은전을 잃었기 때문입니다. 유사한 상황으로 아담의 후손인 이 땅의 모든 인간들은 죄 가운데 잃어버려져 있습니다.

이사야 53장 6절에 보면 "우리는 다 양과 같아서 그릇 행하여 각기 제 길로 갔거늘 여호와께서는 우리 무리의 죄악을 그에게 담당시키셨도다"고 하셨습니다.

로마서 3장 23절에서는 "모든 사람이 죄를 범하였으매 하나님의 영광에 이르지 못하더니"라고 말씀합니다.

그런데 이보다 더 비극적인 것은 드라크마는 자신이 잃어버려져 있음에도 그 사실조차 깨닫지 못하고 있는 것입니다. 아마 이 잃어버린 은전은 주인의 지갑보다 먼지 속에 거하는 것을 더 당연

하고 마땅한 것이라고 생각했을지 모릅니다. 주의 성령께서 잃어
버려진 인간 존재의 위기를 깨우쳐 주실 때까지는 하나님 없이 살
아가는 삶의 위기를 아무도 심각하게 고민하지 않습니다.

　미국의 어떤 선교사님에게 들은 인디안 젊은이 얘기가 생각납
니다. 모르갠 박사는 인디안 부락들만 찾아다니며 인디안들에게
복음을 전했습니다. 그는 인디안 부락에 대해서만은 정통한 소식
통이었읍니다. 어느날 그는 숲 속에서 길을 잃은 인디안 청년 한
사람을 만났습니다. 몰갠 박사는 "청년이여 ! 길을 잃었나요"라
고 물었습니다. 그 때 이 청년은 길을 잃은 것을 백인에게 말한
다는 것이 자존심에 걸려서 "아니오, 내 오두막 집이 없어졌을 따
름이요"라고 대답했다고 합니다.

은전을 찾고 있는 주인

우리가 찾지 않아도 주님은 우리를 찾아 오십니다. 은전은 잃어
버려졌으나 잊혀지지 않았읍니다. 본문의 여자는 열 드라크마를
소유하고 있었읍니다. 그런데 그 중 하나를 잃어버린 여인은 그
은전을 잊지 못했읍니다. 은전은 여주인을 잊어도 여주인은 결코
은전을 잊지 않습니다.
　이사야 50장 15절에는 "여인이 어찌 그 젖먹는 자식을 잊겠으
며 자기 태에서 난 아들을 긍휼히 여기지 않겠으냐 그들은 혹시
잊을지라도 나는 너를 잊지 아니할 것이다"고 말씀하십니다.

　잃어버린 드라크마의 가치에 대해서 우리는 깊이 상고해야 합
니다. 드라크마는 여인의 어떤 희생에도 불구하고 온갖 노력을 기
울여 찾아야 할 만큼 가치있는 것입니다. 유대 풍속에는 약혼 때
에 신랑이 신부에게 열 개의 드라크마를 선물합니다. 그러면 신
부는 그 은전으로 목걸이를 만들어서 목에 걸고 다닙니다. 여인
은 신랑이 준 사랑의 정표인 열 개의 은전 중 하나를 잃어버린 것

입니다. 그 신부의 당황함과 슬픔과 고민을 이해할 수 있으신지
요?

또 흥미있는 것은 은전에 왕의 초상이 그려져 있었으므로 사람
들은 무엇보다 그 화폐를 귀중하게 여겼읍니다. 창세기 1장 26
절에 인간은 하나님의 형상대로 지음을 받았다고 가르칩니다. 그
러므로 하나님은 당신을 귀중한 존재로 여기십니다. 그리고 하나
님은 당신을 찾고 계십니다. 하나님은 어떤 희생을 치르고라도 당
신을 찾기로 결심하셨읍니다. 당신이 지구상에 살고 있는 유일한
생존자라 해도 예수께서는 기꺼이 당신을 위해 십자가에서 죽으셨
을 것입니다.

은전은 어디에서 잃어 버려 졌읍니까? 어린 양은 들에서 잃었
고, 둘째 아들은 먼 나라에서 잃었지만 이 드라크마는 집에서 잃
었읍니다. 주님께로부터 가까이 있지만 주님을 만난 적이 없는 사
람들이 있읍니다. 설교도 듣고 교회 직분도 오래 가지고 있지만
하나님을 만나 중생의 체험이 없는 영혼들이 있읍니다. 하나님과
당신의 거리는 얼마나 되십니까?

시편 기자는 "내가 하늘 끝에 가서 거할지라도 주님은 거기 계
시며 내가 새벽 날개를 치며 바다 끝에 가서 거할지라도 주님은
거기 계신다"고 고백했읍니다. 당신은 찾아 오신 주님께 발견된
경험이 계십니까?

잃은 드라크마를 발견

우리는 이 이야기를 묵상하면서 잃은 드라크마가 발견된 것을 보
아야 합니다. 그 은전은 희망없이 계속 잃어버려져 있었던 것은
아닙니다. 유괴된 미아의 소식을 초조하게 기다리는 부모의 심정
을 아십니까? 한달째 무소식이던 아이의 발견이 비관적인 소식
이라면 그 부모의 마음은 얼마나 절망적이겠읍니까? 그러나 인
간의 구원 문제는 그렇게 비관적이 아닙니다. 여인은 희망을 버

리지 않고 계속 은전을 찾아서 결국 찾았읍니다. 여기 "찾았다" 는 단어가 두 번이나 강조되었읍니다.

찾는 일에 여인의 모든 관심과 열정이 다 바쳐졌읍니다. 그녀는 모든 수단을 다 동원하였읍니다. 이 여인은 달리 어떤 사업을 하였는지도 모릅니다. 그러나 잃은 드라크마를 찾기까지 이 여인은 어떤 사업에도 열중을 못할 것입니다. 아니 이제는 찾는 일이 이 여자의 새로운 사업이 되었다고 해야 할 것입니다. 이 여인의 관심을 통해서 우리를 향한 하나님의 관심을 볼 수 있읍니다. 하나님의 성령은 모든 관심과 수단을 총동원하여 당신을 찾고 있읍니다. 그분은 방송을 통해서 당신을 찾습니다. 그리고 대중 전도나 개인 전도를 통해서 당신을 찾습니다. 하나님은 당신을 찾습니다.

본문에서 등불을 켰다는 말은 은전이 떨어진 자리가 어둡다는 것을 알려 줍니다. 이것은 죄인의 현주소입니다. 따라서 복음을 비추어야 합니다. 또한 "집안을 쓸며"라는 것은 성령께서 교회를 정결하게 하는 역사를 행하심을 가리킵니다. 그럴 때 교회 속에 있던 어둠과 어두운 얼굴들이 등장합니다. 하지만 우리는 먼지가 일어나는 것을 두려워해서는 안됩니다. 잃은 드라크마를 찾을 때까지 구원 받지 못한 교인들을 찾을 때까지 하나님의 역사는 교회 속에 계속 되어야만 합니다.

여인은 부지런히 집안을 쓸며 잃어버린 은전의 짤랑거리는 소리를 기대하고 있었을 것입니다. 자기의 모든 것을 바쳐서 은전을 찾는 일에 열중한 여인의 사랑은 하나님께로 나와야 할 당신을 향한 하나님의 열정입니다. 하나님은 계속 찾습니다. 한 번에 찾지 못했다고 실망하시지 않습니다. 이것은 오늘 우리 그리스도인들의 전도 방법과는 너무도 다릅니다.

이 여인은 필요하다면 얼마든지 많은 일군을 고용할 용의가 있었을 것입니다. 비용도 개의치 않았읍니다. 드디어 이 여자는 찾아냈읍니다. 그 때 이 여인의 기쁨을 짐작할 수 있을까요? 성경에 보니 이 여인은 벗과 이웃을 불러 모아서 즐겼다고 합니다.

그런데 드라크마 앞에 정관사가 붙어서 바로 그 드라크마를 찾
았음을 알려 줍니다. 다른 비슷한 것을 찾아 내어도 만족하지 못
합니다. 신랑이 그녀에게 준 그 사랑의 은전을 발견할 때까지는
만족할 수가 없는 것입니다.

하나님의 성령은 다른 사람이 아닌 바로 당신을 찾고 있읍니다.
당신과 유사한 어떤 사람이 아니라 바로 당신을 찾습니다. 그러
나 여인이 은전을 찾아서 소유권에 대한 회복의 큰 감격을 누렸
던 것처럼, 사단의 지배 아래 살던 당신을 하나님은 찾았읍니다.
하나님의 목적은 가까이 가는데 있지 않고 찾는 것에 있읍니다.
하나님은 당신이 교회의 중요한 멤버가 되는 것으로 만족하지 않
습니다. 성령은 당신이 하나님의 자녀가 될 때까지는 기뻐하실 수
없읍니다. 그래서 찾아 오시고 또 찾아 오시는 것입니다. 찾기가
어려울수록 찾은 기쁨은 더욱 컸을 것입니다. 이제 찾은 결과를
보겠읍니다.

찾은 그 이후

9절에는 "벗과 이웃을 불러 모으고 말하기를 나와 함께 즐기자"
고 했고 10절에는 "이와 같이 죄인 하나가 회개하면 하나님의 사
자들 앞에 기쁨이 되느니라"고 했읍니다. 친구들이 기뻐하고 천
사들도 기뻐합니다. 무엇보다 이 은전을 찾은 여인 자신의 기쁨
은 얼마나 컸겠읍니까? 당신이 구원받을 때 교회가 기뻐합니다.
성도들도 기뻐하고 당신을 위해서 기도했던 당신의 친구와 당신
의 부모가 기뻐합니다. 당신의 자녀가 기뻐합니다. 그러나 무엇
보다 창조하신 하나님께서 기뻐하십니다.

여기서 '찾았다' 는 단어는 희랍어『유레카』(Eureka) 입니다. 이
여자는 잃어버린 은전을 찾으면서 소리쳤을 것입니다.
"유레카 ! " "유레카 ! "

주전 3세기에 시라큐스의 유명한 아르키메데스가 살았읍니다. 그는 공중 목욕탕에서 유명한 아르키메데스의 원리를 발견하였읍니다. 그는 이 원리를 찾자마자 맨발로 목욕탕을 뛰쳐나와 시라큐스의 거리를 달리며 외칩니다. "유레카!" "" 유레카!" - "찾았다" "찾았다."

그러나 이 아르키메데스의 원리를 발견한 것보다 더 위대한 발견이 있읍니다. 하나님이 당신을 찾아 주시고 새로운 사람을 만들어 주신 것입니다.

시편 기자는 "잃은 양 같이 내가 유리하오니 주의 종을 찾으소서"(시 119 : 176) 라고 합니다.

예레미야 선지자는 "너희가 전심으로" 나를 찾고 찾으면 나를 만나리라"(렘 29 : 13) 고 하나님 말씀을 대언하십니다. 예수님은 "찾으라 그러면 찾을 것이요"(마 7 : 7), "인자가 온 것은 잃어버린 자를 찾아 구원하려 함이라"고 말씀하십니다.

아무도 내게 관심이 없다고 실망하는 분이 계십니까? 본문 말씀을 통하여 이 어떤 여자의 관심을 생각해 보십시오. 이것은 하나님의 관심입니다. 성령께서 나를 찾기 원하는 주님의 간절한 관심입니다. 저는 이 말씀을 묵상하면서 이런 생각을 하였읍니다. 왜 하나님은 여기에 남자가 아닌 여자를 등장시켰읍니까? 그 이유는 여자가 남자보다 잃어버린 것에 대한 애착이 더욱더 민감하기 때문일 것이라는 생각이 들었읍니다.

지난 여름에 수원에서 제가 잘 아는 분의 아들이 물에 빠져 익사하였읍니다. 그러자 아들을 잃은 아버지는 두 주간 동안 거의 음식을 들지 않고 슬퍼하더군요. 그러나 엄마는 한 달이 지나도 그 연못가를 배회하며 죽은 아들을 잊지 못하고 찾아 헤매는 모습을 보았읍니다.

저는 시내 버스 안에서 십 원짜리 동전을 잃어버리면 찾지 않습니다. 그러나 제 아내는 십 원짜리 동전이라도 결코 포기하지 않습니다.

　이 끈질긴 여자의 집념, 여자의 애착은 바로 우리를 향한 하나님의 사랑이요, 하나님의 애착이요, 하나님의 집념인 것입니다.
　하나님의 환영 (Welcome)인 것입니다.
「내가 예수를 믿어도 아무도 나를 환영하지 않을 것이다」라고 생각하는 분이 계십니까? 아닙니다. 교회가 당신을 환영합니다. 성도들과 친구들이, 천사들이, 하늘에 계신 아버지가 당신을 환영합니다. "나는 예수 믿으려고 해도 자격이 없다"고 말하지 마십시오. 잃어버린 은전이 발견되기 위해서 어떤 특별한 공로를 세웠습니까? 은전은 그대로 가만히 있었습니다. 다만 은전은 자기를 찾는 여인의 손길을 거절하지 않은 것뿐입니다. 제발 거절만 하지 마십시오. 먼지 속을 더듬는 이 여인의 마디 마디의 아픔과 상처의 피묻은 손길을 거절하지 말고 받아들이기만 하십시오. 하나님은 찾아 오십니다. 우주의 구석 구석을 뒤지며 잃어 버린 당신을 찾아 오십니다. 복음을 통하여 당신이 하나님 앞에 나와 새사람이 될 수 있는 기회를 베푸시며 상한 마음으로 결코 버리지 않으시는 집착과 끈질긴 집념으로 당신을 찾아 오시는 하나님의 사·랑을 거절하지 마십시오. 지금이 바로 하나님의 부르심에 "예" 하고 응답할 때입니다. 당신의 마음 속에 당신을 찾아 부르시는 주의 음성이 들리지 않습니까?

탕자의 귀향

또 가라사대 어떤 사람이 두 아들이 있는데 그 둘째가 아비에게 말하되 아버지여 재산 중에서 내게 돌아올 분깃을 내게 주소서 하는지라 아비가 그 살림을 각각 나눠 주었더니 그 후 며칠이 못되어 둘째 아들이 재물을 다 모아가지고 먼 나라에 가 거기서 허랑방탕하여 그 재산을 허비하더니 다 없이한 후 그 나라에 크게 흉년이 들어 저가 비로소 궁핍한지라 가서 그 나라 백성 중 하나에게 붙여 사니 그가 저를 들로 보내어 돼지를 치게 하였는데 저가 돼지 먹는 쥐엄 열매로 배를 채우고자 하되 주는 자가 없는지라 이에 스스로 돌이켜 가로되 내아버지에게는 양식이 풍족한 품군이 얼마나 많은고 나는 여기서 주려 죽는구나 내가 일어나 아버지께 가서 이르기를 「아버지여 내가 하늘과 아버지께 죄를 얻었사오니 지금부터는 아버지의 아들이라 일컬음을 감당치 못하겠나이다 나를 품군의 하나로 보소서」하리라 하고 이에 일어나서 아버지께로 돌아가니라 아직도 상거가 먼데 아버지가 저를 보고 측은히 여겨 달려가 목을 안고 입을 맞추니 아들이 가로되 「아버지여 내가 하늘과 아버지께 죄를 얻었사오니 지금부터는 아버지의 아들이라 일컬음을 감당치 못하겠나이다」하나 아버지는 종들에게 이르되 「제일 좋은 옷을 내어다가 입히고 손에 가락지를 끼우고 발에 신을 신기라 그리고 살진 송아지를 끌어다가 잡으라 우리가 먹고 즐기자 이 내 아들은 죽었다가 다시 살아났으며 내가 잃었다가 다시 얻었노라」하니 저희가 즐거워하더라

- 누가복음 15장 11~24절

본 문은 유명한 탕자의 비유입니다. 지나간 세기의 수 많은 사람들이 이 본문을 통해서 그들의 죄를 회개하고 사망에서 생명의 길로 옮긴 위대한 말씀입니다. 이것을 하나의 드라마로 생각하고 조용히 묵상해 봅시다.

아버지 곁을 떠나가는 아들의 모습

이것은 자아상실의 시작입니다. 이 말씀은 아버지를 버리고 실제로는 자기 자신을 버린 한 청년의 몰락해 가는 삶의 출발 여정입니다.

이 청년은 어느날 아버지께 나아와 독립을 요구합니다. 아마도 그의 마음 속에는 자유로운 삶에 대한 동경이 싹텄을 것입니다. '나도 이제 성인이 되었으니, 내 재산을 가지고 내 의사에 의해서 내 인생을 살고 싶은 대로 살고 싶다'고 생각했을 것입니다. 이 청년은 서로의 관계 속에서만 인간은 참으로 자유한 존재라는 놀라운 진리를 깨닫지 못했습니다. 사람은 사람과의 올바른 관계를 통해서만 진정한 자기 자신을 발견할 수 있다는 사실을 깨닫기에는 아직 너무 철이 안든 청년이었을 것입니다. 이 청년은 가정이 불행하여서 가출을 결심한 것이 아닙니다. 그 집에는 많은 종들과 풍요한 재산이 있었습니다.

12절에 아들이 아버지 앞에 나와서 그에게 돌아올 분깃을 달라고 했을 때 아들의 의사를 존중하여 재산을 나누어 준 것을 보면 그의 아버지는 대단히 신사적인 아버지임을 알 수 있습니다. 그러나 아들의 마음 속에는 아버지에 대한 불만과 집안 형편에 대한 불만이 있었습니다.

성경이 말하는 **근본적인 범죄는 인간이 하나님을 떠나는 데서 시작합니다.** 이 사실에 대한 가장 극적인 설명이 본문의 탕자의 비유 속에 나타난 것입니다. 이 사건을 아버지는 하나님으로, 둘째 아들은 당신 자신의 모습으로 생각하고 읽어 보십시오.

사단은 청년의 마음 속에 아버지를 떠나는 유토피아의 망상을 심었읍니다. 마침내 그는 재물을 다 모아서 먼 나라로 떠났읍니다. 아버지의 훈계도, 명령도 간섭도 미치지 못할 먼 나라를 향해 출발했읍니다. 종교의 굴레나, 도덕의 사슬이 없고 하나님도 의식할 필요 없이 내가 주인이 되어 나를 위해 살아가는 휴머니스트의 나라, 환락의 나라를 꿈꾸며 갔읍니다.

청년에게 찾아온 위기

하나님을 떠난 인간에게 반드시 찾아오는 위기입니다. 성경은 허랑방탕했다고 말합니다. 규범이 없고, 도덕적인 기준을 상실하여 궤도가 없는 삶 속에 빠져버린 청년의 모습을 볼 수 있읍니다. 성경은 이 청년이 아버지로부터 받은 재산을 몽땅 탕진했다고 합니다.

죄가 모든 것을 빼앗아 갔읍니다. 죄는 적당하게 지을 수 없는 것이 그 본질입니다. 저는 술을 대단히 좋아하는 어떤 분이 이렇게 말하는 것을 들었읍니다.

"나는 술을 많이 마시든가 아니면 절대로 안 마시든가 둘 중 하나를 결정해야 하겠읍니다. 왜냐하면 나는 술을 조금만 마시겠다고 결심하지만 마시기 시작하면 그칠 수 없는 것이 나의 고민입니다." 어쩌면 이것이 죄악의 본질을 보여 주고 있는 것입니다. 죄는 통제가 불가능합니다. 우리는 가장 범죄한 죄, 심각하지 않다고 생각되는 죄를 더 조심해야 합니다. 심각한 인간의 범죄는 단 하나의 자그마한 사소한 죄에서부터 시작됩니다.

여기 청년은 자기의 모든 것을 낭비한 후에 말할 수 없는 허무감에 빠집니다. 잔은 비었고 고독만 남았읍니다. 꿀은 없고 벌에게 쏘임을 당한 상처만 청년을 괴롭힙니다. 거기다가 설상가상으로 흉년이 들었읍니다. 마침내 이 청년은 궁핍하게 되었읍니다. 그럼에도 그는 귀향을 결심하지 않고 자신의 힘으로 해결하려고 그 해결책을 모색합니다. 백성 중 하나에게 붙어서 돼지를 치고 살 망정 집으로 돌아갈 수 없는 것이 그의 오만한 자존심이었읍니다.

자아발견의 위대한 모습

17절은 이 사건의 가장 중요한 구절입니다. "이에 스스로 돌이켜"라고 기록되었는데, 영어성경에 보면 「스스로 돌이켰다」는 말은 "자기 자신을 되찾고 자기 자신에게로 돌아왔다」(He came to himself)는 것을 의미합니다. 사람마다 하나님께로 돌아오기 전에 먼저 자신에게 돌아와야 합니다. 청년은 문득 자기 자신을 생각하기 시작했읍니다. 아버지를 떠날 때, 그는 실상 자기를 잃었읍니다. 그런데 어느 날 갑자기 그는 자신의 참된 모습을 생각했읍니다. 거기에는 **몇 가지 원인**이 있었을 것입니다.

첫째로, 궁핍한 상황이 자기 자신의 진정한 모습을 생각하게 만들었읍니다.
아버지와 함께 있었던 풍요 속에서 그는 자신의 풍요함을 망각하고 있었읍니다. 그러나 모든 것을 잃은 절망 속에서 비로소 가난하고 헐벗고 강팍하며 반항적인 자화상을 발견하였읍니다. 궁핍한 탕자를 깨우치는 하나님의 징계의 손길입니다.

현대에도 그의 모든 재산을 잃고 사업이 파산이 되기까지 돌아올 수 없는 탕자들이 있읍니다. 권력을 즐기는 현대의 탕자들은 그의 권력이 한 순간에 침몰하기까지는 하나님 앞에 돌아올 수 없읍니다. 수 많은 사람들이 자기의 건강과 젊음을 자랑합니다만 순간에 건강을 상실하고 마지막 죽음의 선고를 받기까지는 돌아올 수 없는 탕자도 있읍니다.

궁핍이 청년으로 하여금 자신의 모습을 생각하게 만들었읍니다.

둘째로, 그는 고독했읍니다.

이 고독은 위대한 고독입니다. 이 고독을 통해서 그는 자신을 돌아 보았읍니다. 그는 이제 혼자였읍니다. 주머니에 돈이 흥청거릴 때는 주위에 친구가 많이 있었읍니다. 그러나 주머니가 비자 친구들은 모두 사라지고 오직 혼자입니다. 군중 속에서 잃어버린 자신은 고독한 순간에야 비로소 참된 모습으로 대면합니다.

인간에게는 혼자만의 시간이 필요합니다. 함께 술을 먹던 사람들이 없어졌읍니다. 음탕한 웃음을 웃어 줄 사람도 없어졌읍니다. 의미 없는 독백에 맞장구를 치던 배우들이 무대에서 다 퇴장하고 텅 빈 고독 속에 홀로 서 있는 사람은 비로소 자기 자신의 모습을 진지하게 생각합니다.

"나는 참으로 누구일까?"
"나는 어디에서 왔을까?"
"나는 어디로 가고 있는 것일까?"

세째로, 아버지의 기도가 있었다고 생각합니다.

이는 무리한 상상은 아닙니다. 누가복음 15장 30절에 보면 큰 아들의 반응이 기록되어 있읍니다. 이 청년이 집에 돌아왔을 때에 자기의 형이었던 큰 아들이 "아버지여! 아버지의 살림을 창기와 함께 먹어버린 이 아들이 돌아오매 이를 위하여 살찐 송아지를 잡으셨나이다"라고 반응하였읍니다. 이 형은 자기 동생이 창기와 함께 살림을 탕진했다는 소문을 들었을 것입니다. 아버지인들 그 소식을 듣지 않았겠읍니까? 그리고 얼마나 많은 밤을 지새며 울었겠읍니까? 탕자가 먼 나라에서 침몰해 가고 있을 때, 아버지는 가슴을 찢으며 사랑하는 자식을 위하여 기도하고 있었을 것입니다.

네째로, 기억이라는 하나님의 위대한 선물을 사용한 것입니다.

17절을 보면 "이에 스스로 돌이켜 가로되 내 아버지에게는 양식이 풍족한 품군이 얼마나 많은고 나는 여기서 주려 죽는구나"라고 독백합니다. 아버지의 풍요로 상대적인 자신의 헐벗음을 깨달은 것입니다. 아버지와 함께 있었던 그 나날들의 행복이 주마등처럼 그의 머리를 스치고 지나가기 시작합니다. 그리고 아버지를 떠난 현재의 아픔을 깨닫습니다. 돼지를 치고 쥐엄 열매로 연명을 이어갑니다. 생각할수록 아버지의 집에 있는 풍요가 생각납니다.

그러나 지금도 늦지 않았습니다. 살아계신 하나님 아버지는 모든 것을 준비하시고, 그분의 풍요와 넉넉한 사랑과 용서와 능력과 지혜를 준비해 놓고 초청장을 띄워서 현대의 잃어버린 탕자를 초청합니다.

"아버지에게는 양식이 풍족한 품군이 얼마나 많은고 나는 여기서 주려 죽는구나."

"그리스도 예수 안에 안식이 있는데 예수를 믿기만 하면 죄 사함이 있는데, 영생이 있는데 나는 여기서 주려 죽어가고 있구나."

이것이 탕자의 자기 발견입니다.

위대한 귀향의 결단

17절에 보면, 먼저 돌아가야 하겠다는 소원이 생깁니다. 18절은 죄악에 대한 깨달음을 **보여 줍니다.**

"돌아가야지 이대로 불안과 허무 속에서 방황하며 좌절할 수는 없다. 내가 가서 이렇게 말할 것이다. 내가 하늘과 아버지께 죄를 지었사오니 아버지여 나는 죄인입니다."

그는 이제 더이상 다른 사람에게 자기의 죄를 전가시키지 않습니다.

그가 이 결심을 하기까지 그는 얼마나 많은 망설임이 그의 영혼을 지배하였겠습니까? 돌아가야 하겠다는 소원만 가지고는 부족합니다. 구원받아야 할 영혼들에게 죄악의 깨달음은 필수적이지만 이 깨달음만 가지고는 사람의 영혼이 구원받을 수 없습니다.

20절에서 그는 드디어 일어납니다. 18절에서는 일어나리라고
생각만 했읍니다. 그러나 이것만으로 그는 새로운 생활을 하지 못
합니다. 일어나야겠다는 상상이, 새로워져야겠다는 소원이 그 사
람 인생의 새로운 길을 열지 못합니다. 그에게 새로운 삶이 시작
된 것은 일어나서 결단된 행동을 시작한 때입니다. 얼마나 많은
망설임이 있었을까요.
"내가 돌아가면 과연 아버지께서 받아 주실까?"
"이렇게 죄 지은 나를 하나님이 받아 주실까?"
"아니 문을 닫으시며, 못된 자식아! 돌아가라고 하지 않을까?"
"가다가 길에서 죽지는 않을지…지금 결심했지만 또 옛 생활을 그
리워해서 먼 나라로 돌아갈거야."
    얼마나 많은 싸움이 탕자의 마음에 있었을까요?

    회개란 무엇입니까? 성경은 회개하라고 외칩니다. 회개란 먼
나라를 떠나서 하나님께로 돌아오는 것을 말합니다. 우리는 하나
님의 사랑 속에서만 참 생명을 누리며 교제하도록 지음받았읍니
다. 그런 우리가 하나님을 떠나 먼 나라에 살고 있는 죄를 깨닫
고 일어나서 하늘에 계신 아버지께로 돌아오는 것이 회개입니다.
모든 것을 두고 떠나야 합니다. 의논할 필요가 없읍니다. 탕자가
먼 나라의 사람들과 의논하였더라면 그들은 이 청년에게 어떤 충
고를 주었을까요? 그는 석학들에게 그가 고향에 돌아가야 하느
냐고 묻지 않았읍니다. 자기와 함께 살림을 퍼먹고 그의 생을 쾌
락 속에 던져버렸던 창기와도 의논하지 않았읍니다. 의논해 보았
자 그들의 대답은 뻔한 것입니다.

    신앙의 결단은 외롭지만 홀로 결단해야 합니다. 여러분의 남편
─아내─에게도, 자녀들에게도, 친구들에게도 의논하지 마십시
오. 하나님 앞에 홀로 서서 외롭게 내려야 할 결단──그것이
바로 신앙의 결단입니다. 그 모습 그대로 돌아오시기 바랍니다.
'나는 너무 몰골이 흉하니까 이대로 돌아갈 수 없다'고 생각하지

마십시오. 그러면 영원히 돌아오지 못할 것입니다. 누더기를 입고, 피 묻고 상처난 모습 그대로 돌아 오십시오.

거룩한 만남

"아직도 상거가 먼데"(20절).

돌아오다가 탕자가 보니 아직도 아버지와 자기 사이는 먼 거리가 있는데 아버지가 저를 보고 측은이 여겨 달려와 입을 맞춥니다.

죄인이 하나님 앞에 돌아오려 할 때 그 거리는 항상 멀게 느껴지기 마련입니다.

"나는 아직 멀었다. 내가 하나님을 완전히 깨달으려면 아직도 거리가 멀다."

아니 정말 그 거리는 멀게 보입니다. 피곤한 탕자, 굶주린 탕자, 이 사람에게 있어서 아버지와 자기 사이의 거리는 얼마나 멀게 보였을까요?

"어떻게 아버지를 대할까?"

면목없는 이 아들이 아버지 앞에 서기를 결심할 때마다 아버지와 자기 사이의 거리는 엄청나게 먼 거리로 생각되었을 것입니다.

그런데 성경은 이렇게 말씀합니다. 아버지가 탕자를 먼저 보았읍니다. 우리가 하나님께 먼저 소리친 것이 아닙니다. 하나님이 먼저 우리를 보셨읍니다. **자비의 눈은 회개의 눈보다 빠릅니다.** 아버지의 눈은 모든 것을 보고 있었읍니다. 창기와 함께 보냈던 수 많은 밤을 아버지의 눈은 보고 있었읍니다. 거리에서 술에 취해 비틀거리며 방황하던 아들을 아버지의 눈은 뒤쫓고 있었읍니다. 돼지 우리에 앉아서 자기의 신세를 한탄하며 절망 속에 빠졌던 그 모습을 아버지는 보셨읍니다. "이제 돌아갈까? 아니다" 망설이던 탕자의 모습을 아버지의 눈동자가 응시하였읍니다.

아들의 손에 묻은 때를, 창백한 얼굴을, 충혈된 눈과 굶주린 창자를 보았고 피곤한 영혼을 보고 있었던 것입니다. 불꽃 같은 안목으로 모든 것을 감찰하시는 하나님의 눈동자는 당신의 죄악을, 슬픔을, 고독을, 아니 당신의 모든 것을 보고 계십니다.

성경은 "아버지가 측은히 여기더라"고 말씀합니다. 이 말의 성경 원어의 뜻은 고통을 함께 나눈다는 것입니다. 막연하게 감정적으로만 아들을 불쌍히 여긴다는 것이 아니라 아버지는 문자 그대로 고통을 함께 나누고 있었읍니다. 아들이 외로울 때 아버지도 외로웠으며, 아들의 가슴이 찢어질 때 아버지의 가슴도 두 배로 찢어졌읍니다.

여기서 노하기를 더디하시고 용서하기를 속히 하시는 주님의 아름다운 사랑의 모습을 발견하시기 바랍니다. 아버지의 고통은 당신의 고통보다도 훨씬 더 하십니다. 아버지를 떠나서 고민하고 외로워하는 아들의 고통보다는 자식을 잃어버리고 돌아오기를 기다리는 어버이의 가슴은 더 찢어지는 아픔이요 고통이었던 것입니다. 그래서 아버지는 달려 갔읍니다. 얼마나 기다리고 목메여 부르던 아들입니까? 마치 자기를 반역한 아들을 향해서 다윗이 압살롬아! 압살롬아! 부르며 절규했던 것처럼, 하늘에 계신 우리 아버지 하나님은 우리들의 이름을 부르며 돌아오기를 기다리고 계십니다.

탕자가 한 걸음을 옮길 때 아버지는 열 걸음을 달려가고 있었읍니다. 당신이 하나님을 찾는 것이 아닙니다. 하나님이 당신을 더 찾고 있읍니다. 당신이 하나님을 필요로 하는 것 이상으로 하나님은 더욱 더 당신을 찾고 있다는 사실을 잊지 마십시오.

아버지는 목을 안고 입을 맞추었읍니다. 원어 성경에 보면 여러 번 입술을 맞추었다고 기록되었읍니다.
"나는 너에게 입을 맞추고 싶지만 너는 너무 더럽다. 나는 너에게 가까이 갈 수 없다"라고 말하지 않습니다. 상처나고 더럽고 죄를 범하여 몰골이 흉한 아들의 그 모습 그대로를 끌어안은 아버지의 사랑의 표현을 보십시오. 입을 맞추었읍니다. "나는 너와 새롭게 출발하고 싶다"는 **교제**의 선언입니다. "나는 너를 용서한다"는 **용서**의 선언입니다. 용서하지 않고는 끌어 안을 수가 없읍니다.

이것은 **영접**의 표시입니다. 위대한 **회복**의 표시입니다. 아버지는 새 의복을 가져다 입히라고 하였읍니다. 그는 누더기를 입고 인생을 살아 왔읍니다. 송아지를 잡으라고 하셨읍니다. 그는 그동안 얼마나 굶주리며 외로움과 절망 속에서 허더였겠읍니까? 반지를 끼워주라는 것은 새로운 언약을 맺고 새롭게 출발하자는 것입니다.

성경은 모든 사람이 다 즐거워하더라고 말했읍니다. 아버지의 즐거움이요, 아들의 즐거움이며, 이웃의 즐거움이자, 우주의 즐거움이었읍니다. 당신이 돌아 올 때 하늘이 기뻐합니다. 당신이 죄를 회개하고 하나님 앞에 돌아올 때 온 천하는 웅장한 음악을 울리며, 하나님은 당신의 회개를 환영할 것입니다.

이 아들이 돼지 우리에서 쥐엄 열매를 먹으며 해 지는 석양 노을에서 그의 모습을 발견했을 때 돼지들은 이 탕자에게 소리쳤을 것입니다.

"돌아가라! 돌아가라!"

해 지는 석양 노을은 이 아들에게 돌아가라고 소리쳤을 것입니다. 또한 해 지는 건너편에서는 아버지의 선명한 영상이 떠오르면서, 「돌아오라! 돌아오라 나의 아들아!」라고 말하고 있었읍니다.

그러나 마귀는 이렇게 말하고 있었읍니다.

"돌아가서는 안된다. 자존심을 포기해서는 안된다. 차라리 그대로 죽어라."

여러분이 돌아오기를 원하지 않는 것은 마귀와 악령 뿐입니다.

아버지는 「돌아오라」고 말씀합니다. 천하도 「돌아오라」고 말합니다. 성경도 「돌아오라」고 합니다. 하나님의 사랑은 말합니다.

"돌아오라."

이 탕자의 귀향 길은 단 하나 뿐입니다.

예수님께서는 **내가 곧 길이요 진리요 생명이니 나로 말미암지 않고는 아버지께로 올 자가 없느니라!**"라고 말씀하십니다.

당신은 돌아오시지 않겠읍니까? 지금 이 순간에 말입니다.

천국과 지옥

한 부자가 있어 자색 옷과 고운 베옷을 입고 날마다 호화
로이 연락하는데 나사로라 이름한 한 거지가 헌데를 앓으
며 그 부자의 대문에 누워 부자의 상에서 떨어지는 것으로
배불리려 하매 심지어 개들이 와서 그 헌데를 핥더라이에
그 거지가 죽어 천사들에게 받들려 아브라함의 품에 들어
가고 부자도 죽어 장사되매 저가 음부에서 고통 중에 눈을
들어 멀리 아브라함과 그의 품에 있는 나사로를 보고 불러
가로되 아버지 아브라함이여 나를 긍휼히 여기사 나사로
를 보내어 그 손가락 끝에 물을 찍어 내 혀를 서늘하게 하
소서 내가 이 불꽃 가운데서 고민하나이다 아브라함이 가
로되 얘 너는 살았을 때에 네 좋은 것을 받았고 나사로는
고난을 받았으니 이것을 기억하라 이제 저는 여기서 위로
를 받고 너는 고민을 받느니라 이뿐 아니라 너희와 우리
사이에 큰 구렁이 끼어 있어 여기서 너희에게 건너가고자
하되 할 수 없고 거기서 우리에게 건너올 수도 없게 하였
느니라 가로되 그러면 구하노니 아버지여 나사로를 내 아
버지의 집에 보내소서 내 형제 다섯이 있으니 저희에게 증
거하게 하여 저희로 이 고통 받는 곳에 오지 않게 하소서
아브라함이 가로되 저희에게 모세와 선지자들이 있으니 그
들에게 들을찌니라 가로되 그렇지 아니하나이다 아버지 아
브라함이여 만일 죽은 자에게서 저희에게 가는 자가 있으
면 회개하리이다 가로되 모세와 선지자들에게 듣지 아니
하면 비록 죽은 자 가운데서 살아나는 자가 있을찌라도 권
함을 받지 아니하리라 하였다 하시니라

- 누가복음 16장 19~31절

존 뉴톤(John Newton) 목사님은 82세를 일기로 세상을 떠났는데, 그가 임종 직전에 이런 말을 하였읍니다.

"내가 천국에 들어갈 때 세 가지 경이를 발견할 것이다. 첫째는 **예상하지 못했던** 사람들을 천국에서 만나게 될 일과, **둘째로** 놀라운 사실은 내가 예상하였던 사람들이 거기에 없다는 사실이며, 세째는 내 자신이 그 곳에 있다는 사실을 알고 깜짝 놀랄 것이다."

천국은 신비로운 곳으로 하나님 백성들의 고향입니다. 반면에 지옥은 처참한 곳으로 영혼의 파멸 장소입니다.

이 천국과 지옥은 성경이 가르치는 엄숙한 주제입니다. 그럼에도 불구하고 이 제목은 현대에서 사라진 설교 제목들 가운데 하나입니다. 연극과 코메디 그리고 문학 작품이나 농담에서 우리는 천국과 지옥에 관한 이야기를 듣습니다. 그러나 교회에서 천국과 지옥에 관한 설교를 들은 것이 언제입니까?

그러나 지나간 교회사를 통해서 보면, 하나님께서 놀라운 부흥을 주실 때, 사람들의 마음을 깨우치고 영혼에 경각심을 주어 새롭게 한 것은 천국과 지옥에 관한 하나님의 멧세지였읍니다. 그런데 어찌된 이유인지 이 설교는 현대에서 사라져가고 있읍니다. 그것은 세 가지 이유 때문입니다.

첫째로, 설교자들이 천국과 지옥에 관한 설교를 하면 무식한 설교가라는 인식을 받는다는 강박 관념을 갖기 때문입니다.

둘째로, 이것은 적극적인 설교가 아니며, 특별히 지옥을 설교할 때는 더욱 그러하기 때문입니다. 그러므로 얼마든지 긍정적인 멧세지가 많은데 왜 부정적인 지옥의 파멸에 대한 멧세지를 말하느냐는 것입니다. 그것은 적극적인 철학을 강조하는 현대의 철학과 맞지 않기 때문입니다.

세째로, 이것은 대단히 인기없는 설교로서 많은 사람들이 이런 설교를 좋아하지 않기 때문입니다.

그런데 저는 오늘 대단히 무식하고 부정적이며 인기없는 말씀을 증거하려고 합니다.

이는 무식하고 부정적이며 인기없는 설교를 통해서 영혼을 구원하는 것이, 유식하고 적극적이며 인기 많은 설교를 통해서 영혼을 구원하지 못하는 것보다 훨씬 낫다고 확신하기 때문입니다.

본문은, "한 부자가 있어"라고 시작합니다. 이 구절은 많은 사람들에게 소위 부자와 거지 나사로의 비유로 일컬어지고 있읍니다. 그러나 이 말씀은 비유가 아닐 수도 있읍니다. 누가 비유라고 했읍니까? 성경에 비유라는 암시가 있을 때는 그것을 비유로 해석할 권리가 우리에게 있읍니다. 실상 성경은 이것을 비유라고 말씀하지 않습니다. 이것은 얼마든지 사실일 수가 있읍니다. 저는 마음을 다하여 말합니다. 예수님께서는 틀림없이 실제로 있었던 한 사람의 역사적 사실을 통해서 천국과 지옥의 엄숙한 멧세지를 선포하시려고 시도하신 것일 수 있읍니다.

저는 본문을 통하여 천국과 지옥이 어떤 곳인가 말씀드리기에 앞서서 천국과 지옥은 반드시 있어야겠다는 것을 말씀드리고 싶습니다. 거기 나사로의 참상과 그와 반대로 부자의 호의호식하는 불공평함을 여러분은 어떻게 느끼십니까? 저는 이 부자가 일 년에 한두어 번 잔치를 벌였다면 시비를 걸지 않겠읍니다. 성경을 보니 그는 날마다 호화로이 연락(宴楽)하였다고 기록되었읍니다. 지옥은 이런 사람들을 위해서 있어야 합니다.

이 부자의 문전에는 헌데를 앓으면서 가까스로 그의 생명을 연장시키는 거지 나사로가 있었읍니다. 그는 육신이 자유롭지 못해서 누운 채로 개들이 그의 헌데를 핥는 비참한 인생의 막바지에서 고통스런 삶을 경험하고 있었읍니다. 이런 사람을 위해서 천국은 있어야만 합니다.

유명한 철학자 임마누엘 칸트는 이렇게 말했읍니다.

"천국과 지옥은 있어야만 한다. 있다 없다 하는 사실을 시비하기에 앞서서 이것은 반드시 있어야만 한다. 이 세상의 부조리를 볼 때마다, 불공평을 바라볼 때마다, 즉 잘 되어야 할 사람이 잘 못되고 잘못되어야 마땅한 사람들이 오히려 잘 되는 부조리 때문에 천국과 지옥은 반드시 있어야 한다."

그러면 천국과 지옥은 어떤 곳입니까?

죽은 후에 즉시 가는 곳입니다

이 말씀은 소위 인터벌(interval)의 신학을 허락하지 않습니다. 우리가 죽은 후에 한참 있다가 가는 곳이 아닙니다.

22절에 보면, "이에 거지가 죽어 천사들에게 받들려 아브라함의 품에 들어가고 부자도 죽어 장사되매 저가 음부에서 고통 중에…" 거지도 부자도 다 **죽었읍니다.** 아마 한 날에 똑같이 죽었을지도 모릅니다. 거지에게 이 죽음은 얼마나 큰 해방이었을까요?

그 지긋지긋한 고통스런 세월을 살아왔던 거지에게 있어서 죽음은 그렇게 두렵지 않았을 것입니다. 어떤 의미에서 생각하면, 거지에게 있어서 죽음은 해방입니다. 고통에서의 해방, 절망에서의 해방, 가난에서 그리고 비인격적인 대우에서의 해방입니다. 그러나 부자는 얼마나 죽기 힘들었을까요? 그러나 죽음은 똑같이 왔읍니다. 죽음의 순간만은 양자에게 공평하였읍니다.

성경에 보니 부자는 장사되었다고 기록되었는데 거지에겐 없읍니다. 이 거지의 주변에는 장사지내 줄 변변한 인물조차 없었읍니다. 지금 같으면 서울 시청 청소부들이 나사로의 시체를 치웠을 것입니다. 그런데 부자는 잘 장사되었읍니다. 이 장삿날 도시는 얼마나 떠들썩했을까요? 아마 그 도시가 생긴 이래 최대의 장사가 진행되었을 것입니다. 이 부자는 죽기 전에 자기 **장례**의 절차와 무덤과 그리고 장례에 관한 일체를 완벽하게 준비해 두었을 것입니다.

그러나 이 화려한 장례식과 쓸쓸하게 치워진 거지의 시체의 사건이 일어난 역사의 무대 배후에는 엄청난 사건이 진행되고 있읍니다. 부자와 거지의 영혼이 그 육체를 떠나가는 그 순간 너무 대조적인 사건이 벌어지고 있었읍니다.

부자의 장례식에는 수많은 사람들이 법석대었지만 거지의 장례식에는 아무도 찾아오는 사람이 없었읍니다. 그러나 마지막 거지의 영혼이 육체를 떠나는 순간 거기에 천사가 임재하였읍니다. 「나사로」라는 이름의 뜻은 "하나님의 도우심"입니다. 거지 나사로는 고독하였읍니다. 그는 고통스런 삶을 살았읍니다. 그러나 그는 결코 불행했던 사람만은 아닙니다. 그는 하나님을 알았기에, 고통스런 삶 가운데 하나님의 인도하심이 있었고, 천사들이 그의 평생을 인도하였을 것입니다. 이 천사들은 나사로가 지상의 삶을 떠나는 순간에 그 영혼을 받들어 아브라함의 품 속으로 올려갑니다.

천사에 관해서 성경은 "천사들은 부리는 영으로서 구원 얻은 후사들을 위하여 섬기라고 보내심이 아니뇨"(히 1 : 14) 라고 가르칩니다. 천사들은 성도를 섬기기 위해서 온 것입니다. 이 천사가 성도를 섬기는 아름다운 장면을 보십시오. **그 영혼을 받들어** 아브라함, 이삭, 야곱 등 믿음의 조상이 있는 영광스런 하늘나라로 인도해 가는 장면을 보십시오. 그들은 죽은 후에 즉시로, 한 사람은 아브라함의 품에, 다른 한 **사람**은 음부의 고통 속에 **빠졌읍니**다.
어떤 신학자들은 이 음부와 지옥이 어떻게 다르며, 아브라함의 **품과** 천국이 어떻게 다른가를 시비하기 위해 평생을 보내는 사람도 있읍니다.
그러나 여기 두 개의 명백한 사실이 있읍니다. 이 음부는 본질적으로 지옥으로 통하는 것이며, 아브라함의 품은 본질적으로 천국의 상황과 통한다는 사실을 아무도 부인할 수가 없읍니다. 그들은 죽은 후 곧 한 사람은 영광 가운데 있고, 한 사람은 고통 가운데 던지움을 받았읍니다.

　어떤 사람들은 믿지 않은 영혼은 죽은 후에 귀신이 되어 떠돌아 다닌다고 하는데, 성경은 그렇게 가르치지 않습니다.　지옥은 죽은 후에 즉시로 가는 곳입니다.

천당과 지옥은 의식이 살아있는 곳입니다

사람이 죽으면 영원히 잠든다고 가르지는 사람이 있습니다. 여호와 증인과 무신론자들은 사람이 죽으면 영혼이 아주　없어진다는 영혼멸절설을 가르치기도 합니다.

　그러나 성경은 천국과 지옥은 의식이 살아있는 곳이라고　말합니다. 아브라함과 나사로와 부자는 서로 알아볼 수　있었습니다. 지옥에 가서도 이 부자는 나사로를 자기의 종으로 부리려 하였읍니다.

"나사로를 보내어 그 손가락 끝에 물을　찍어 내 혀를 서늘하게 하소서."

분명한 사실은, 천국과 지옥은 의식이 살아있는 장소라는 것입니다.

　한 사람은 하나님의 축복 가운데서 영원한 안식을 체험하고 있고, 반면에 또 다른 한 사람은 끝없는 고통의 의식 속에서 괴로움을 당하고 있습니다.

두 세계는 분명하고 확실한 대조를 이루고 있읍니다

천당과 지옥은 분명한 하나의 대조를 형성하고 있습니다.

"아브라함이 가로되 얘 너는 살았을 때에 네 좋은 것을 받았고 나사로는 고난을 받았으니 이것을 기억하라 이제 저는 여기서 위로를 받고 너는 고민을 받느니라"(25절).

여기에 두 개의 단어가 뚜렷한 대조를 형성합니다. 그것은 **위로**와 **고민**이란 단어입니다.

천국은 위로의 장소입니다.

성경은 요한계시록 21장에서, "거기는 눈물이 없으며 고통이 없으며 질병이나 죽음이 없고 다시는 상처가 없는 곳"이 새 하늘과 새 땅의 천국이라고 묘사합니다. 위로의 나라, 그 곳은 천국입니다. 반면에 지옥은 고민이 지배하는 나라입니다. 성경에 지옥이 묘사될 때마다 세 가지 개념이 등장합니다. 하나는 불꽃이며, 하나는 어둠이고, 또 하나는 귀신들입니다. 지옥은 어떤 곳입니까? 그 곳은 불이 타고 있는 장소입니다. 이사야 33장 14절은 "시온의 죄인들이 두려워하며 경건치 아니한 자들이 떨며 이르기를 우리 중에 누가 영영히 타는 것과 함께 거하리요"라고 하였으며, 계시록 14장 10절에는 "그도 하나님의 진노의 포도주를 마시리니 그 진노의 잔에 섞인 것이 부은 포도주라 거룩한 천사들 앞과 어린 양 앞에서 불과 유황으로 고난을 받으리니"라고 하였읍니다.

부자는 나사로의 손가락 끝에 물을 찍어 혀를 서늘하게 하여 달라고 호소하였읍니다.

여호와 증인들은 지옥이 실재하는 장소가 아니라 하나의 상징이라고 말합니다. 왜냐하면 성경에서 지옥을 뜻하는 단어가 **게헨나**인데, 게헨나는 힌놈의 골짜기로서, 예루살렘 동남편에 실재하는 골짜기를 말하는 것이므로 지옥이란 장소가 실재하는 것이 아니고 하나의 상징이라고 합니다.

그렇다면 그것을 상징이라고 **합시다**. 만일 그것이 상징이라면 그 실재는 얼마나 더 무서운 장소이겠읍니까? 구약시대에 보면 **본래** 힌놈의 골짜기에서 이스라엘 사람들이 우상신에게 자기 어린 아이들을 불태워 바침으로써 가정의 재앙을 막는 습관이 있었읍니다. 사랑하는 자식이 타는 냄새와 불꽃이 하늘을 향해서 치솟는 힌놈의 골짜기! 그 이후에 사람들은 쓰레기를 갖다 버립니다. 추한 것들을 버렸읍니다. 그러므로 예루살렘 시민들이 힌놈의 골짜기를 바라볼 때마다 거기는 언제나 붉은 연기가 하늘을 향해 뿜어오르고 있었읍니다.

주님은 그 골짜기야말로 지옥을 설명하기에 가장 합당한 곳임을 아셨읍니다. 그래서 그 골짜기를 가리키면서 불과 유황으로 타는 지옥을 설교하십니다. 그것이 상징이라면 그 실재는 얼마나 무서운 장소이겠읍니까?

어느 군목이 전쟁에 나가기 직전에 병사들을 앞에 놓고, 어찌면 그 시간이 그들의 마지막일른지 모른다는 심각한 생각으로 천국과 지옥에 관해서 설교를 하였읍니다. 그리고 예수를 믿음으로 구원받는 것을 증거하였읍니다. 그는 무식하였지만 진실한 설교가였읍니다. 그 설교를 듣고 대위 한 사람이 목사님을 놀리기 시작합니다. 대단히 지성적인 대위가 무식한 설교가를 향해서 "그러면 그 지옥 불에서 우리는 불고기가 되겠는가?"라고 질문을 합니다. 그러자 이 설교자가 명답을 했읍니다. "대위님! 그 문제에 관해서 그렇게 염려할 필요가 없읍니다. 대위님이 직접 체험하시게 될 테니까요."

성경은 지옥이 불타고 있는 장소라고 가르칩니다.

부자가 얼마나 덥고 고통스러웠으면 호소하였겠읍니까? 그러나 그의 요구는 응답되지 않았읍니다. 그것은 이미 때가 늦어버린 요구였읍니다.

또한 지옥은 어둠의 장소입니다. 마태복음 25장 30절에는 "이 무익한 종을 바깥 **어두운** 데로 내어쫓으라 거기서 슬피 울며 이를 갊이 있으리라"고 했읍니다. 천국과 지옥은 커다란 대조를 이룹니다.

천당과 지옥은 서로 왕래할 수 없는 곳입니다

"이 뿐 아니라 너희와 우리 사이에 큰 구렁이 끼어 있어 여기서 너희에게 건너가고자 하되 할 수 없고 거기서 우리에게 건너 올 수도 없게 하였느니라"(26절).

죽은 후에 제 2의 기회가 있을 수 없읍니다. 죽은 후에 죽은 사람을 위해 기도하면 그들이 다시 천국에 갈 수 있다는 제 2의 기회를 가르치는 모든 교리들을 이 말씀은 명백히 거절합니다. 기회는 살아있을 때 유일한 것입니다.

부자는 왜 지옥에 갔읍니까? 부자였기 때문에 지옥에 간 것이 아닙니다. 부유한 것 그 자체가 죄악은 아닙니다. 그러나 부유함 때문에 영적 무관심의 죄를 범하였읍니다. 아마 부자는 지옥에서 하나님께 이렇게 항변하였을 것입니다.

"하나님 저는 그렇게 나쁜 사람이 아닙니다. 보십시오. 적어도 저는 나사로를 우리 집에서 추방하지 않았읍니다. 저는 아무것도 하지 않았읍니다. 나사로를 죽이지도 않았고, 이웃을 간음하지도 않았읍니다. 무엇이 잘못입니까?"

언젠가 어느 집사님이 제게 전도지를 갖고 왔읍니다.

"목사님, 이 전도지를 보십시오. 희한한 전도지도 있읍니다."

전도지를 받아 보니 「지옥을 가기 위해서 내가 무엇을 해야 하는가」라는 제목이 붙어 있었읍니다. 그 집사님은 "그 뒤를 보십시오"라고 했읍니다. 거기에는 별 내용을 쓰지 않고 「아무것도 없다」라고 큰 글씨만 쓰여 있었읍니다. 지옥을 가기 위해서는 아무것도 할 일이 없고 가만히 있으면 저절로 간다는 것입니다.

예수를 믿는 결단이 없다면, 죄에서 돌이켜 하나님께로 오는 사건이 없이 가만히 있으면 저절로 가게 됩니다. 오늘날 얼마나 많은 사람들이 영적인 무관심 속에서 지옥을 향해 걷고 있읍니까? 흥미있는 사실은, 철저한 무관심 속에서도 사람들이 간간이 지옥이란 단어를 떠올리는 것입니다. 왜 사람들이 지옥이란 단어를 완전히 떠나지 못할까요?

유명한 기독교 심리학자는 "그것은 마음 깊은 곳에 어쩌면 내가 지옥에 갈지도 모른다는 무의식과 잠재의식의 공포가 그 영혼을 지배하고 있기 때문이다"라고 말하였읍니다.

플라톤은 "누가 감옥이 없기를 제일 바라겠는가? 그것은 거기에 가야 할 사람들이다"라고 하였습니다. 그렇습니다. 누가 지옥이 없기를 제일 바랍니까?

철저한 무관심 속에서도 우리의 의식 밑바닥에 남아 있는 이 지옥의 개념은 우리의 영혼을 붙들고 괴롭히고 있습니다. 그러나 그 관심을 망각하고 지워버리고 영적인 무관심에 빠졌던 부자는 마침내 영원한 지옥의 형벌을 직면하지 않을 수 없었습니다. 그러면 여기서, **부자가 지옥에 간 두 가지 이유**를 살펴 봅시다.

그가 지옥에 간 제일 중요한 이유는 회개하지 않았기 때문입니다.

"아버지 아브라함이여 만일 죽은 자에게서 저희에게 가는 자가 있으면 회개하리이다"(30절).

부자는 자기가 회개하지 않아서 그 곳에 갔다는 사실을 알았습니다. 회개는 방향 전환을 의미합니다. 당신의 생애 속에 하나님을 향한 방향 전환이 있었습니까?

마틴 루터는 "내가 천국에 도달하는 그 날, 나는 천국 문에서 하나의 현판을 볼 수 있을 것이다. 그 현판에는 「오직 회개한 자」라고 쓰여 있을 것입니다"라고 말하였습니다. 당신은 죄로부터 돌이켜 참으로 하나님 앞에 나오셨습니까?

또 한 원인은 생명책에 그의 이름이 기록되지 않았기 때문입니다.

흥미있는 사실이 있습니다. 거지 이름이 무엇입니까? 나사로입니다. 그러면 부자의 이름은 무엇입니까? 없습니다. 성경에 부자의 이름을 기록하지 않았습니다. 다시 질문합니다. 이 땅에 살 때에는 누구의 이름이 났겠습니까? 틀림없이 부자의 이름이었을 것입니다. 누가 이 거지의 이름에 관심을 가졌겠습니까? 아마 이 거지의 상처를 핥아 먹던 개들을 빼놓고는 아무도 이 거지를 알지 못하였을 것입니다.

부자가 죽었을 때 그의 이름을 듣고 많은 사람들이 모여올 정도로 그 장례식은 호상이었읍니다. 그의 이름은 쟁쟁하였읍니다. 그는 그의 이름을 만들었고, 그 이름을 내기 위해서 그의 인생을 투자하여 왔읍니다. 자신의 이름을 높이고 증진시키는 것이 그의 생애의 모든 관심이었읍니다. 그러나 마지막 날에 그는 기억되지 못하였읍니다.

그러나 나사로/(그 이름의 뜻은 「하나님은 나의 도움」이란 의미가 있읍니다) 그 이름을 아무도 알지 못하였읍니다. 하지만 나사로의 이름은 주님의 마음 속에 기억되고 있었읍니다.
주님은 "누구든지 생명책에 기록되지 못한 자는 불못에 던지우더라"(계 20 : 15) 라고 말씀하였읍니다. 당신의 이름은 생명책에 기록되어 있읍니까?

마지막으로 부자가 지옥에서 부탁한 두 가지 청에 대하여 생각해 보겠읍니다. 부자는 지옥에서도 청탁이 통하는 줄로 착각하고 있었읍니다.
"내 형제 다섯이 있으니 저희에게 증거하게 하여 저희도 이 고통을 받는 곳에 오지 않게 하소서."
전도를 해보면 이렇게 말하는 사람이 있읍니다.
"우리 부모님이 믿지 않다가 돌아가셨으므로 의리상 나 혼자 예수 믿고 천국갈 수 있겠읍니까?"
이는 설득력있고 인간적인 발언입니다. 그런데 부자는 그의 사랑하는 형제들이 자기가 고통받는 곳에 오지 않게 하여 달라고 간청합니다.

혹시 여러분의 부모님이 믿지 않고 죽었다면 그들을 불러내 보십시오. 그들은 말할 것입니다.
"이 고통 받는 곳에 너희들만은 오지 않아야 한다."

또 한 가지 부탁은, "아버지 아브라함이여 만일 죽은 자에게서 저희에게 가는 자가 있으면 회개하리이다"하는 것입니다. 죽은

자가 살아나서 전도를 하면 사람들이 다 복음을 들을까요? 그런
기적이 없기 때문에 여러 사람이 믿지 않는 것일까요? 그러면 아
브라함을 통해 들려온 주의 말씀을 보십시다.
"모세와 선지자들에게 듣지 아니하면 비록 죽은 자 가운데서 살
아나는 자가 있을찌라도 권함을 받지 아니하리라."
　나사로란 똑같은 이름을 가진 동명이인이 요한복음 12장에 있
는데, 그는 죽었다가 살아났습니다. 나사로를 본 유대인들은 이
사실을 은폐하기 위하여 예수를 죽이려는 엄청난 음모를 시작합
니다. 죽은 사람이 살았어도 유대인들은 회개하지 않았습니다. 기
적이 없어서 사람들이 회개하지 않습니까? 과학적이고 합리적인
지성적 증거가 불충분해서 믿지 못합니까? 성경은 말씀하기를,
죽은 자가 살아나서 복음을 증거해도 당신의 마음이 강퍅하다면
당신은 하나님의 목소리를 거절하며 복음을 배척할 것이라고 말
씀하십니다. 성경은 마지막 증언이고 최후의 증언이며 유일한 증
언입니다. 이 증언을 거절하는 사람에게 다른 희망은 없습니다.

　"가로되 그러면 구하노니" (27절).
이는 일종의 기도라고 볼 수 있습니다. 그는 뒤늦게 지옥에서 응
답될 수 없는 기도를 하고 있습니다. 생전의 기도를 하고 있습니
다. 생전의 기도였더라면 얼마나 좋았을까요! 지옥의 심연 속에
서 그는 비로소 기도의 중요성을 알았습니다. 28절에 그는 전도
의 중요성도 깨닫습니다.
"내 형제 다섯이 있으니 저희에게 증거하여 저희로 이 고통 받는
곳에 오지 않게 하소서."
　아마도 이 부자는 나사로에게 이렇게 말하고 싶었을 것입니다.
"나사로야! 왜 나에게 천국과 지옥에 대한 비밀을 말해 주지 않
았느냐? 이것이 사실이며 진실이며 영원한 우리의 운명이라고 알
려주지 않았느냐?" 뒤늦게 이 부자는 회개의 중요성을 깨달았
을 것입니다. 30절에 그는 회개하지 않았음을 후회합니다. 이 복
음 앞에 당신의 응답은 무엇입니까? 예레미야 선지자는 눈물을

흘리며 외쳐도 마음을 열지 않는 이스라엘 백성들을 향해서 이렇게 외쳤읍니다.

"추수할 때가 지나고 여름이 다하였으나 너희는 아직도 구원을 얻지 못하였도다!"

당신은 구원을 받았읍니까?

인간혁명

예수께서 여리고로 들어 지나가시더라 삭개오라 이름하는
자가 있으니 세리장이요 또한 부자라 저가 예수께서 어떠
한 사람인가 하여 보고자 하되 키가 작고 사람이 많아 할
수 없어 앞으로 달려가 보기 위하여 뽕나무에 올라가니 이
는 예수께서 그리로 지나가시게 됨이러라 예수께서 그곳에
이르사 우러러 보시고 이르시되 삭개오야 속히 내려오라
내가 오늘 네 집에 유하여야 하겠다 하시니 급히 내려와
즐거워하며 영접하거늘 뭇사람이 보고 수군거려 가로되 저
가 죄인의 집에 유하러 들어갔도다 하더라 삭개오가 서서
주께 여짜오되 주여 보시옵소서 내 소유의 절반을 가난한
자들에게 주겠사오며 만일 뉘 것을 토색한 일이 있으면 사
배나 갚겠나이다 예수께서 이르시되 오늘 구원이 이 집에
이르렀으니 이 사람도 아브라함의 자손임이로다 인자의 온
것은 잃어버린 자를 찾아 구원하려 함이니라
　— 누가복음 19장 1～10절

인 생의 물음 가운데서, 계속하여 나를 괴롭히는 한 질문이 있 읍니다. 그것은 "과연 사람이 변할 수가 있는가?"하는 것 입니다. 이 질문은, 나의 성격 가운데서 변하지 않는 부분을 바라볼 때마다 언제나 저를 괴롭힙니다.

이런 물음을 갖고서 몹시도 괴로와하던 어느날 누가복음 19장 의 말씀을 읽으면서 이런 생각이 났읍니다.

"만약 이것이 사실이라면 나도 그렇게 변할 수가 있을 것이다.

누가복음 19장 1절 이하에는 삭개오라는 사람이 등장합니다. 「삭개오」란 이름의 뜻은 "청결하다"는 것입니다. 모든 사람들의 아버지가 그러한 것처럼, 아마 이 사람의 아버지도 그에 대한 기대와 열망으로 좋은 이름을 지어 주었을 것입니다. 청결하게 살기를 기대하여 삭개오란 이름을 주었을 것입니다.

그런데 예수께서 이 사람의 집에 들어갔을 때, 사람들이 "저가 죄인의 집에 유하러 들어갔다"고 수군대는 것을 볼 수 있읍니다. 청결하다는 말의 뉘앙스와는 달리 대단히 불결한 소문을 터트리고 살던 사람임을 알 수 있읍니다. 다시 말하면 이름 값을 못하였읍니다.

유대인들은 이름에 대한 집념이 대단합니다. 그들은 만약 어떤 사람의 생활이 그의 이름과 부합되지 않는다고 자신과 이웃과 그 부모가 판단할 때 쉽게 이름을 바꿉니다.

삭개오는 이름 값을 못하고 살던 사람입니다. 나는 삭개오를 생각할 때마다 나도 삭개오와 같은 사람이라고 생각합니다. 나의 부모님은 나에게 기대를 갖고 좋은 이름을 지어 주셨읍니다. 즉 동쪽에서 가장 으뜸되는 사람이 되라고 동원(東元)이란 이름을 주셨읍니다. 나의 이름이 불리워질 때마다 나는 무척 괴로왔읍니다. 이름 값을 못하고 살기 때문입니다.

성경에 대단히 짧은 책이 있는데, 오네시모라는 한 노예가 도 망친 이야기가 기록된 빌레몬서입니다. 「오네시모」란 뜻은 "유익하다"라는 것인데, 이 사람은 주인에게 재산상의 중대한 피해를 입히고 당시 세계의 서울인 로마로 도망을 쳤읍니다. 그런데 그가 수 많은 사람 가운데 사도 바울과 만났읍니다. 그리하여 예수 그리스도의 이야기를 들었읍니다. 그리고 주 안에서 새로운 피조물이 되었읍니다.

바울은 도망친 노예인 오네시모를 주인에게 돌려보내어 주인과 올바른 관계를 맺도록 해 주어야 할 필요를 느꼈읍니다. 당시는 도망친 노예가 붙잡히면 사형을 당했읍니다. 그러므로 그는 주인인 빌레몬에게 도망친 노예지만 사랑으로 잘 받아달라는 편지를 보냅니다. 이것이 신약 성경에서 가장 짧은 빌레몬서입니다.

그 편지는 "저가 전에는 네게 무익하였으나 이제는 나와 네게 유익하므로 네게 저를 돌려 보내노니"(11 – 12절)라고 아주 흥미있게 전개됩니다. 오네시모란 이름의 뜻이 무엇입니까? 「유익」입니다.

본문에 나타나는 삭개오는 이름 값을 못하는 무거운 죄책을 갖고 삶을 사는 사람이었읍니다. 그는 세리장이었읍니다. 예나 지금이나 세금 걷는 사람의 권력은 대단합니다. 어느 사회나 문화권에서도 세금을 걷는 사람처럼 강력한 영향력을 행사하는 사람은 없읍니다. 그런데 삭개오는 그냥 세리가 아니고 세리장이었읍니다. 성경을 보면 그 시대의 권력계급을 공격할 때 가장 신랄한 공격의 대상이 세리였읍니다. 삭개오는 권력을 가질 만큼 가지고 있던 사람입니다.

니이체가 말하였듯이, 권력에 대한 의지처럼 끈질기게 우리를 붙들고 늘어지는 의지는 없을 것입니다.

그런데 권력을 휘두르는 특권이 있음에도 불구하고, 삭개오는 해결할 수 없는 인생의 문제를 끌어안고 자기 동네를 지나가던 어느 낯선 사람을 몹시 만나고 싶었읍니다. "권력이 대답하지 못한 인생의 문제를 그분은 대답하여 주실 수 있지 않을까?"하는 기대 때문이었읍니다.

성경은 계속해서 그가 부자라고 소개합니다. 현대에 가장 강력하게 군림하는 우상이 있다면 그것은 돈의 신(神)일 것입니다. 그런 점에서 이 사람은 우상신을 갖고 있던 사람입니다. 그러나 그럼에도 여전히 이 돈이 해결하지 못하는 딜레마를 끌어안고 그의 동리를 지나갈 낯선 사람을 만나고 싶어합니다.

나는 한국의 유명한 부자를 만난 적이 있습니다. 그분의 이름을 대면 모를 사람이 아무도 없습니다. 나는 그 분을 만나서 예수 그리스도를 소개하고 싶었는데 우연한 기회에 그를 만났습니다. 나는 그 분을 만나서 제일 먼저 이 질문을 하였습니다.
"회장님은 행복하십니까?"
한국 사람들에게 부의 대명사로 불리워왔던 이 분에게 마음 깊은 곳으로부터 묻고 싶었던 질문이었습니다. 그 분은 병석에 누워서 "행복이라고? 나는 아침에 눈을 뜨면 초조하고 불안하네"라고 말하였습니다. 부유함이 행복이 아니라는 것을 구체적으로 확인할 수 있는 기회였습니다.
록펠러를 모르는 사람이 없을 것입니다. 타임지의 기자가 어느 날 그에게 이런 질문을 하였습니다.
"당신은 현재 가지고 있는 부유에 만족하십니까?"
"아니오."라고 그는 대답하였습니다. 기자는 다시 "그렇다면 당신은 얼마 만큼의 돈을 벌어야 만족할 수 있겠습니까?"라고 물었습니다. 그 때 록펠러가 아주 흥미있는 대답을 하였습니다.
"조금만 더!" 많이도 아니고 조금만 더 라는 것입니다.

우리 교회에 강남의 아파트에 사는 사람이 많습니다. 어느 날 13평 아파트 가정을 방문하였더니, "목사님, 기도를 해 주십시오"라고 말했습니다.
"무슨 기도를요?"
"13평 아파트가 너무 좁아요. 20평짜리 아파트로 이사가게 기도해 주세요."

나는 그런 유형의 신앙을 좋아하지 않습니다만 기도를 요청한 그의 소박한 소원을 물리치지 못하여 기도해 드렸읍니다. 그렇게 사는 것이 이 사람의 삶에 있어서 보다 나은 삶의 길이 된다면 그런 전제 아래 20평 아파트를 주시길 기도했읍니다.

얼마 후에 그 집이 20평으로 이사를 갔읍니다. 그리고 6개월 쯤 되어서 그 집을 방문하였더니, "목사님 한 가지 기도 제목이 더 있읍니다. 아무래도 20평이 너무 좁습니다. **화장실이 둘 달린** 집으로 이사가게 기도해 주세요"라고 말하였읍니다. 나는 그 현장에서 록펠러의 대답을 다시 확인할 수 있었읍니다.

삭개오는 좋은 이름을 갖고 있었고, 권력도 갖고 있었고, 그 때나 오늘 날이나 모두가 탐하는 부유를 누리고 있었지만, 부와 권력이 해결할 수 없는 인생문제를 끌어안고 한 낯선 사람을 간절히 만나기 원하였읍니다.

그가 누구였읍니까?

예수였읍니다. 나는 당신에게 종교를 소개하고 싶지 않습니다. 기독교를 소개하는 것에도 관심이 없읍니다. 다만 예수 그리스도를 소개하고 싶습니다.

나사렛 예수! 열 두 해를 혈루증으로 앓던 여자가 지나가는 예수의 옷자락을 만졌더니, 그 순간 여자의 모든 불치의 병이 치료되어서 소문나기 시작한 나사렛 예수님!

일곱 귀신이 들려 삶을 낭비하고 인격을 탕진하여 괴로움에 몸부림치던 막달라 마리아라는 한 여인은 나사렛 예수를 만나자마자 그녀를 묶고 있던 귀신의 억압과 사슬을 끊어버리고 말았읍니다.

데가볼리의 젊은이, 예루살렘의 틴에이저가, 그리고 갈릴리의 자성인들이 지나가는 나사렛 예수를 만나자마자, 그 예수를 통해서 삶의 변화를 받았읍니다. 그들은 삶의 새로운 목적과 가치관을 찾았고 죄 문제를 해결받았으며 영생의 문제를 해결받았읍니다. 사람들은 비로소 하늘과 땅이 마음 속에 조화를 갖기 시작하였다고 증언하였읍니다.

본문은 "예수께서 여리고로 지나가시더라"고 시작됩니다. 이 사건은 삭개오에게 있어서 놓칠 수 없는 기회였습니다.

빅톨 유고는 이렇게 말하였습니다.

"인간이 사용할 수 있는 모든 자원 가운데서 가장 강력한 자원은 기회라는 자원이다."

삭개오는 기회가 그대로 지나가게 놓아 둘 수가 없었습니다. 기회는 얼마나 위대한 것입니까?

희랍의 시락규스라는 거리에 이상한 동상 하나가 있었습니다. 이 동상에는 날개가 붙어 있었는데 발에 가서 붙어 있습니다. 그리고 앞 머리에는 머리카락이 대단히 무성하고 뒷머리는 대머리입니다. 이 동상 아래에는 다음의 글귀가 새겨져 있었습니다.

"누가 그대를 만들었는가?" -리시퍼스.

"그대의 이름은 무엇인가?" - 기회.

"왜 날개가 발에 달렸는가?" - 빨리 날아다니기 위해.

"왜 그대의 앞 머리는 그렇게 무성한가?" - 그것은 내가 지나갈 때 사람들이 쉽게 잡을 수 있도록 하기 위하여.

"왜 뒷머리는 대머리인가?" - 지나가면 도저히 다시 붙잡기가 어렵기 때문.

삭개오가 소유할 수 있는 모든 기회 가운데서 가장 유일한 기회가 지나가고 있었습니다. 삭개오는 예수님을 뵙고 싶어 하였읍니다. 인간이 가진 열망 가운데 이처럼 뜨거운 열망은 없을 것입니다. 가장 위대한 열망입니다.

예수님을 보고 싶다. 기독교를 믿고 싶다는 것으로 당신의 삶이 변화되지 않습니다. 종교인으로서 그리스도인이 되는 것은 여러분에게 아무런 희망을 주지 못합니다. 그러나 역사의 B. C와 A. D를 만드신 그분, 나사렛 예수가 역사 속에 오시자마자 역사는 두 동강이가 나고 말았습니다. 그리스도 이전과 그리스도 안에서 새롭게 시작된 이 역사적 변화는 한 개인의 마음에도 일어날 수가 있습니다. 그러므로 사람들은 예수 그리스도를 뵙고 싶어 합니다. 알고 싶어 합니다.

어느 날 예루살렘 거리는 매우 붐비고 있었읍니다. 예수가 예루살렘 성에 나귀를 타고 입성한다는 소식을 듣고 수 많은 인파가 나와 소리치기 시작하였읍니다. 어떤 이들은 종려 가지를 높이 들면서 "호산나 다윗의 자손이여"라고 소리쳤읍니다. 그러나 이것은 다분히 군중심리였읍니다. 이렇게 붐비는 군중들과 박수 갈채 속에서 예루살렘 성에 입성하였지만 더 이상 아무도 그분께 개인적인 관심을 보이지 않았읍니다.

그 밤에 유태인도 아니고 하나님의 백성이라고 자부하는 사람도 아닌 헬라인, 즉 이방인 몇 사람이 나사렛 예수가 묵고 계신 숙소에 찾아와서 면회 신청을 하였읍니다.

"우리가 예수님을 뵈옵고자 하나이다."
이것은 위대한 신청입니다.

이런 면회 신청을 내신 일이 있읍니까? "기독교를 알려 주십시오"라는 질문이 여러분에게 새로운 희망을 던질 수가 없읍니다. 그러나 예수 그리스도를 소개해 드리겠읍니다.

마약과 알콜과 환각제 그리고 삶의 무의미에 시달리던 미국의 히피들, 교회도 나가지 않고 종교를 모르던 그들이 예수 그리스도를 만나자마자 새로와졌읍니다. 그리하여 그들은 자기들이 만난 예수 그리스도의 위대성을 증언하기 시작하였읍니다.

삭개오도 이와 똑같은 열망이 생겼읍니다. 예수님을 만나고 싶어서 뽕나무 위에 올라갔읍니다. 이것은 쉬운 일이 아닙니다. 그는 사회적인 지위와 권력이 있던 사람입니다. 그러므로 그가 그렇게 하기 위해서는 해야 할 일이 있읍니다. 그를 꽁꽁 묶고 있던 모든 사회적인 체면과 위선의 껍질을 벗어버려야 합니다. 나사렛 예수를 만나기 위한 열망을 성취하려면 적나라한 모습으로 나오지 않으면 안됩니다. 때문에 그는 뽕나무 위에서 기다립니다.

나는 이 성경을 읽을 때마다 언제나 이상하게 생각되어지는 사실이 있읍니다. 누가 누구를 기다리고 있읍니까? 삭개오가 예수님을 기다리고 있었읍니다. 그런데 누가 누구를 먼저 불렀읍니까?

예수님이 삭개오를 먼저 불렀읍니다.

아마 틀림없이 삭개오는 뽕나무 위에서 이렇게 생각하며 예수
님을 기다렸을 것입니다.

"나사렛 예수의 행렬이 지나 가기만 해봐라. 나는 소리칠 것이다.
그런데 어떻게 부를까? "

수 많은 질문들이 삭개오의 머리 속을 오가고 있었을 것입니다.
그리고 지나가는 예수님을 부르기 위해서 그는 초조하게 예수님
을 기다리고 있었읍니다.

그런데 지나가던 예수께서 먼저 이 사람을 쳐다보고, "삭개오
야! "하고 부르셨읍니다. 이 순간의 충격을 이해할 수 있읍니까?
"삭개오야! "

그를 만나지 않고 그의 이름을 부르신 저 분의 정체는 과연 무엇
일까? 그 날 밤 삭개오는 예수님을 자기 집에 모시고, 누가 요
청한 것도 아닌데, 그의 어두운 과거를 낱낱이 고하였읍니다.

그의 이름을 안 그분은 그의 과거도 아십니다. 그의 고독을,
그의 눈물의 의미를, 그리고 가슴의 상처와 괴로움을 그분이 왜
모르겠읍니까? 그분은 오늘 당신의 이름을 부르고 있읍니다.

성경에는 예수께서 사람들을 부를 때 한 사람, 한 사람의 이름
을 부르고 있는 감격적인 장면이 나옵니다.

예수께서 죽었을 때, 그의 부활의 소식을 모르는 여자들이 그
분의 시체에 향유나 부어주려고 찾아왔읍니다. 그 때 어두운 새
벽 미명에 동산지기로 생각되는 사람이 나타났읍니다. 그런데 뜻
밖에 그 사람의 음성이 그 여인들의 귀에 너무 익숙한 음성이었
읍니다. 예수님이셨읍니다. "선생님이여! "부르는 그 여인을 향
해서, "마리아야! "하고 예수님이 부르셨읍니다. 그분은 지금 **당
신의 이름을 부르고 있읍니다.** 당신의 삶의 고뇌와 절망과 미
래를 향한 방황을 아는 그분이 당신을 부르고 있읍니다.

"삭개오야! 속히 내려 오너라! "

상황이 완전히 바뀌었읍니다. 속히 내려 오라셨읍니다. 삭개오

가 예수님 만나기를 그렇게 소원한 줄 알았는데 성경을 읽다보니
정반대의 결론에 부딪칩니다. 예수께서 삭개오를 더 필요로 하였
읍니다.

제가 어느 여대생을 전도하였는데, 이 학생이 얼마나 감격하고
전도를 잘 하는지 모릅니다. 그녀의 말은 "예수없이 살 수 없어
요"라는 것이었읍니다. 그리하여 그녀의 별명이 "예수없이 살 수
없어요"입니다. 그런데 하루는 찾아와서 "목사님 저는 오늘 다시
새롭게 놀라운 사실을 발견하였읍니다"라고 말하였읍니다. "예
수없이 살 수 없다는 그 이야기 말인가?"하고 내가 물었읍니다.
"아니예요, 목사님, 그보다 좀더 위대한 사실을 알았읍니다. 예
수도 나 없이 살 수 없는 것을 깨달았읍니다.
주님은 당신없이 못삽니다. 당신이 주님을 필요로 한 것 이상으로
주님은 당신을 필요로 하십니다. 인간이 가지는 큰 괴로움 가운
데 하나는 "내가 나를 알지 못하는 것"입니다. "나도 어떻게 할
수 없는 나!" 이러한 실존인 고뇌가 우리를 괴롭힙니다.
　당신이 모르는 당신의 삶의 깊이와 당신의 삶의 미래를 한 번
에 아시는 그분, 그분은 당신을 필요로 하십니다. 그분은 당신을
사랑하십니다.
　성경은 "하나님이 세상을 이처럼 사랑하사 독생자를 주셨으니"
라고 말씀합니다. 하나님은 독생자 예수를 십자가에 달아 죽이실
만큼 당신을 사랑하십니다.
　이 말씀을 읽던 성 아우구스티누스는 이렇게 말하였읍니다.
"이상하다! 놀라운 사실이다! 내가 만약 창조주 하나님이라면
나는 이 세상을 벌써 박살을 내 버렸을 텐데…… 그런데 이상하단
말이야 하나님은 나를 사랑하시다니? 사랑하시되 나 한 사람밖
에는 사랑할 사람이 없는 것처럼 그분은 날 사랑하신다. 아니 내
가 이 세상에 있는 유일한 생존자라고 하여도 그분은 나를 위하
여 십자가에서 목숨을 버렸을 것이다."

예수께서 여리고 라는 동네를 찾아오신 것은 의도적인 방문이었읍니다. 이 한 사람을 찾기 위해서 입니다. 그는 아흔 아홉 마리의 양을 놓아 두고 잃어버린 한 마리의 양을 찾아나선다는 것을 입으로만 말씀하신 것이 아니고 행동으로 보이셨읍니다.

시편 기자는 하나님의 영광스러운 추적과 그 하나님을 피하여 도망치려는 자기의 어리석음을 이렇게 고백하였읍니다.

"여호와여 주께서 나를 감찰하시고 아셨나이다 주께서 나의 앉고 일어서심을 아시며 멀리서도 나의 생각을 통촉하시오며…… 내가 주의 신을 떠나 어디로 가며 주의 앞에서 어디로 피하리이까 내가 하늘에 올라갈찌라도 거기 계시며 음부에 내 자리를 펼찌라도 거기 계시니이다. 내가 새벽 날개를 치며 바다 끝에 가서 거할찌라도 곧 거기서도 주의 손이 나를 인도하시며 주의 오른손이 나를 붙드시리이다"(시 139 : 1 - 10).

피할 수 없는 하나님이란 사실 앞에 부딪쳤던 시편 기자는 이 영광스런 시편의 마지막 절에서 이렇게 고백합니다.

"하나님이여 나를 살피사 내 마음을 아시며 나를 시험하사 내 뜻을 아옵소서 내게 무슨 악한 행위가 있나 보시고 나를 영원한 길로 인도하소서"(시 139 : 23 - 24).

피할 수 없는 그 하나님, 삭개오를 추적하시던 그 하나님이 오늘 나와 당신을 추적하고 계십니다.

예수님을 자기 집에 모셔들인 삭개오는 이렇게 고백합니다.

"주여 보시옵소서 내 소유의 절반을 가난한 자들에게 주겠사오며 만일 뉘 것을 토색한 일이 있으면 사 배나 갚겠나이다."

당시에 돈을 많이 번 사업가가 자기 재산의 사분의 일 정도를 사회로 환원하면, 훌륭한 기업인의 윤리로 평가되었읍니다. 그런데 삭개오는 사분의 일이 아니라 재산의 절반을 가난한 사람들에게 나누어 주겠다고 하였읍니다.

그런데 이상하지 않습니까? 삭개오는 "당신은 훌륭한 사람이 되어야 합니다. 착한 사람이 되어야 합니다"하는 설교를 들은 일이 없읍니다. 그는 도덕과 윤리의 멧세지를 듣거나 자비와 사랑의 설교를 들은 일도 없읍니다. 그런데 무엇이 삭개오를 변화시켰읍니까? 이 변화에 대한 유일한 설명은 이것입니다.

예수를 만났읍니다.

복음은 도덕을 능가합니다. 나사렛 예수를 만난 사건, 즉 예수 그리스도의 피 묻은 복음은 도덕과 윤리가 소리쳐도 성취할 수 없었던 것을 성취해 냅니다. 윤리의 멧세지를 소리치지 않아도 그 사람의 마음 속에 피 묻은 예수가 심어지면 근본적으로 변합니다. 사람의 바닥을 바꾸고 그 개인의 가치관을 바꾸는 원점적인 변화가 나사렛 예수 그리스도로 인하여 가능합니다. 삭개오가 예수를 만났다는 사실을 제외하고는 그의 변화를 설명할 수 있는 다른 타당한 이유는 없읍니다.

그 때, 예수께서 "오늘 구원이 이 집에 이르렀다"고 말씀하셨읍니다. 내일이라고 하지 않았읍니다. 오늘입니다. 그리고 "이 사람도 아브라함의 자손이로다"하셨읍니다. 이 사람은 아직 교회에 나가지 않았읍니다. 그러나 성경은 그를 그리스도인이라고 소개합니다. 그가 예수 그리스도를 영접하였더니 그리고 그리스도 안에서 자기의 삶을 전환시켰더니 성경은 아브라함의 자손이라고 선언하였읍니다. 방금 전에 나사렛 예수를 기다리며 "혹시 예수가 내 삶에 희망을 제시하여 줄 수는 없을까?"하고 길을 헤매던 삭개오가 뚜렷하고 영광스런 광경에 부딪치고 있는 감격적인 사건을 보십시오. 기독교의 사건은 세월을 두고 사람을 변화시키는 점진적인 사건이 아니라 즉각적인 사건입니다. 한 순간의 변화로 예수 그리스도가 당신의 영혼을 부수고 당신의 삶 속에 침투해 들어오는 바로 그 순간에 성경은 선언하기를, "누구든지 그리스도 예수 안에 있으면 새로운 피조물이라 이전 것은 지나 갔으니 보라 새 것이 되었도다"라고 말씀합니다.

내가 어느 병원에서 5년 동안 성경공부를 인도하였읍니다. 의사

선생님, 간호원 그리고 병원 식구들이 1년에 서너번은 모두 모여 예배를 드립니다. 특별히 추수감사절에는 믿지 않는 사람도 체면 때문에 마지못하여 모두 참석하는데, 단 한 분이 절대로 참석하지 않았읍니다. 그런데 수 년 전 그 분이 간암에 걸렸읍니다. 그 분의 배경은 기독교와는 전혀 상관이 없는 분이므로 아무도 기독교를 받아들일 것을 기대하지 못하였읍니다. 그러나 병원 안의 그리스도인들이 그 분을 위하여 간절히 기도하였읍니다.

어느날 저는 갑작스런 전화를 받았읍니다. 간호 과장께서 건 전화인데, "목사님 빨리 오세요. C 박사가 목사님을 만나고 싶답니다"라고 말하였읍니다.

병원 6층 그 분이 입원한 병실에서 그 분을 만났읍니다. 그의 얼굴에는 죽음의 그림자가 드리워져 있었읍니다. 나는 그 분 곁에서, 그와 전혀 상관이 없고 낯설던 성경을 펼쳐서 요한복음 1장 2장 그리고 3장을 읽어가면서 예수 그리스도의 구원의 도리를 설명하였읍니다. 한 시간 반만에 그분이 소리쳤읍니다. "그 예수가 나를 구원하실 수 있다면 그 예수 그리스도를 영접할 수 있도록 나를 도와주십시요."

"간단합니다. 예수께서 당신을 위하여 피 흘려 돌아가셨음을 인정하십시요. 그리고 그분을 구주와 주님으로 영접하십시요. 기도로 그렇게 하실 수가 있읍니다."

나를 따라 기도를 마쳤을 때, 그 분은 어린 아이처럼 눈물을 펑펑 쏟으며 울었읍니다. 그리고 한참 후에 눈을 뜨고, "목사님 내 마음이 평안하네요. 이상하게 평안하네요"라고 말하였읍니다.

그 날부터 그 분은 기도하며 찬양하며 예수를 증거하다 영광스럽게 세상을 떠났읍니다. 그 병원이 기독교병원이 아닌데 그 병원 앞 마당에서 처음으로 제가 공개적으로 그 분의 장례식을 집례해 드렸읍니다. 그 날은 그 병원에서 몸을 바쳐 일하던 한 의사의 죽음을 의도하는 슬픔의 날만은 아니었읍니다. 설명할 수 없는 생명의 위대한 승리가 증언된 축제의 날이었읍니다. 그의 죽음은 죽음을 생각지 않던 주변의 의사와 간호원들에게 충격을 주었고, 그들에게 그리스도를 생각하게 하였으며, 그 중에 여러 사람을 주께로 돌아오도록 하였읍니다. 이 예수를 당신께 소개합니다.

당신은 예수 그리스도를 만났읍니까?

그분은 당신을 변화시켜주시는 인간혁명의 주인이십니다.

당신의 구주이십니다.

당신의 주님이십니다.

그분 앞에 나아와 인간혁명의 감격을 체험하십시오.

그분앞에 나아와 인간혁명의 감격을 **결단하십시오.**

그분 앞에서만

그분 안에서만

당신은 참으로 새로워질 수가 있읍니다(고후 5 : 17).

제 2 부

하나님의 초청

네가 어디 있느냐?

그들이 날이 서늘할 때에 동산에 거니시는 여호와 하나님
의 음성을 듣고 아담과 그 아내가 여호와 하나님의 낯을
피하여 동산 나무 사이에 숨은지라 여호와 하나님이 아담
을 부르시며 그에게 이르시되 네가 어디 있느냐 가로되 내
가 동산에서 하나님의 소리를 듣고 내가 벗었으므로 두려
워하여 숨었나이다

　－ 창세기 3 장 8～10절

본 문은 처음 인간 아담의 타락과 범죄를 보여 주는 유명한 사
건입니다. 아담과 아담의 후손들은 아담 안에서 계속적으
로 이 범죄를 저질러 왔습니다.

　범죄한 아담은 그의 창조주요 심판자이신 하나님께 나아와 그
분의 긍휼과 자비와 용서를 구했어야 마땅했읍니다. 그는 동산을
두루 다니며, "나의 하나님 ！ 나의 하나님, 당신은 어디 계십니
까 ? 니는 당신이 하라고 명하신 그 일을 하지 않았으며, 하시 말
라고 명령하신 그것들을 행함으로 하나님께 범죄하였나이다"라고
소리쳐야 했읍니다.

　그런데 오히려 아담은 하나님의 임재를 피하여 달아났읍니다.
　성경에 보면, 아담이 하나님께 온 것이 아니라 하나님이 아담
에게 오셨읍니다. 죄인이 하나님께 온 것이 아니고, 하나님이 죄
인에게 찾아 오셨읍니다. 아담이 "나의 하나님이여 당신은 어디
에 계십니까 ?"라고 물은 것이 아니라 하나님이 "나의 아담이여
너는 어디에 있느냐 ?"라고 물으셨읍니다. 이 말씀은 최초로 죄
인에게 주신 하나님의 말씀입니다.
네가 어디 있느냐 ?
죄인을 향한, 하나님의 이 첫마디의 의미는 어디에 있읍니까 ?

인간 상실의 비극을 증언하는 하나님의 소리

아무도 잃어버리기 전까지는 찾으려고 하지 않습니다. 잃어버린
것을 깨달음과 동시에 찾음은 시작됩니다. 목자는 소중한 양 한
마리가 잃은 것을 알고서야 찾기 시작하였읍니다. 탕자는 아버지
를 떠나 먼 나라에서 잃어버리고 있던 자신의 모습을 발견하고 비
로소 아버지를 다시 찾는 귀향을 결심합니다.
　이사야 선지자는 "우리는 다 양 같아서 그릇 행하여 각기 제 길
로 갔거늘"(사 53 : 6)이라고 말하였읍니다. 여기 인간 상실의
비극이 있읍니다. 성경은 갈 길을 잃어버리고 방황하는 슬픈 우

리의 모습을 조명하여 주고 있읍니다. 당신은 양의 우리에 있어야만 하는데, 어둠 속을 헤매고 있지는 않습니까?

여주인의 손에 있어야 할 드라크마가 집 안 구석에 잃어버려져 있는 것처럼 당신은 어둠 속에서 상실되고 있는 것이 아닙니까? 아버지 집에 있어야 할 아들이 돼지 우리에 거하는 슬픔에 처하였듯이, 바로 그 아들의 모습은 잃어버려진 당신의 모습은 아닌지요?

하나님 앞에 있어야 할 우리가, 하나님과 교제하며 풍성한 사귐을 누려야 할 우리가 하나님 없는 곳에서 유리하는 것은 아닙니까?

그것은 우리가 있어야 할 궤도를 상실하여, 아담이 타락한 그 자리에 우리도 머물러 있기 때문입니다. 하나님은 아담을 부르시던 동일한 음성으로 우리를 향해서 물음을 던지십니다.

죄의 각성을 촉구하는 하나님의 소리

죄는 인간의 양심을 어둡게 합니다. 허물과 죄로 인간의 영혼은 죽음에 도달하게 되었읍니다.
네가 어디 있느냐?
하나님은 지금도 우리를 향해서 묻고 계십니다. 당신은 마땅히 있어야 할 자리에 계십니까?

그렇다면 왜 불안해 하십니까? 당신의 마음 속을 파고드는 허무의 원인은 무엇입니까? 당신의 영혼 속에 있는 진통과 고통의 정체는 무엇입니까? 하늘을 우러러 떳떳이 태양을 바라볼 수 없는 그 아픔의 원인은 무엇입니까? 왜? 당신의 영혼은 부끄러워 하십니까? 인간이 영적인 죽음에 도달하여, 하나님의 심판 앞에서 무너져 가는 모습은 마치 산사람이 추운 겨울에 산정에 올라갔다가 눈 속에서 죽어가는 모습을 방불하게 합니다. 추운 겨울에 산야에서 죽어가는 사람들은 대부분 잠드는 것을 통해서 죽어갑니다. 그들의 죽음은 **수면의 쾌락**을 동반합니다. 그들은 죽는 줄을 모르면서 편안히 죽어갑니다. 여러 시간 후에야 비로소 지옥의 뜨거운 불길 속에서 고통하며 잠을 깨게 됩니다. 그리고 산정에서 잠든 것을 후회합니다. 그러나 때는 이미 늦었고 그것은 영원히 돌이킬 수 없는 후회에 불과합니다.

하니님의 은혜는 죄인들로 하여금 죄악의 삼을 깨게 하여, 지옥과 심판의 위험을 깨우쳐 주시는 것입니다.

율법은 이미 우리를 정죄하였읍니다. 선고는 이미 당신에게 내려졌읍니다. 성경은, 죄인들은 마치 단두대에 목을 걸어 놓고 마지막 집행을 기다리며 서 있는 모습과 비슷한 상황 속에 버려진 것이라고 선언하십니다. 성경은 "사람이 회개하지 않으면, 그 칼을 갈으심이여"라고 말합니다. 여기 범죄한 인간 위에 하나님의 진노가 머문다고 말씀합니다.

"네가 어디 있느냐?" 회개를 촉구하는 하나님의 소리입니다.

"죄가 너희를 정녕 찾아낼 줄 알라 / "

이것은 죄를 짓고도 행복할 수 있다고 착각하는 모든 사람들에게, 인간 존재의 위기와 하나님의 심판을 깨우쳐 죄의 각성을 촉구하는 하나님의 소리인 것입니다.

용서받지 못하면 형벌이 기다립니다. 사도 바울은, "하나님을 모르는 자들과 우리 주 예수 그리스도의 복음에 복종치 않는 자들에게 형벌을 주실 것"이라고 말합니다. 우리가 범한 죄를 솔직히 시인하고 그 죄에서 돌아서는 것은 분명한 아픔입니다. 그것은 자존심을 드러내고, 진정한 자신의 정체를 보이며 자신을 깨는 아픔이 아닐 수 없읍니다. 반대로 죄를 짓는 것은 쾌락입니다. 그러나 죄가 있는 곳에는 항상 이 아픔이 수반됩니다. 하지만 여러분 기억하십시오 / 이 회개의 아픔, 자신을 깨어버리는 아픔을 통과하지 않고서는 새로운 인간이 탄생할 수 없다는 사실을……

잠언 28장 13절에는 "자기의 죄를 숨기는 자는 형통치 못하나

죄를 자복하고 버리는 자는 불쌍히 여김을 받으리라"고 말씀하십니다.

"만일 우리가 우리 죄를 자백하면 저는 미쁘시고 의로우사 우리 죄를 사하시며 모든 불의에서 우리를 깨끗하게 하실 것이요"(요일 1 : 9).

교제의 회복을 열망하는 하나님의 소리

죄가 들어오기 전에 사람들은 구름이 없는 맑은 하늘 아래서 하나님과 온전한 교제를 즐길 수가 있었읍니다. 하나님은 인간과 더불어 거니셨고, 대화를 나누시며 풍성한 사귐을 통하여 인간과 더불어 동행하는 즐거움을 가졌읍니다. 본래 인간은 하나님과 교제할 수 있는 존재로 지음을 받았읍니다. 그러나 우리 양심에 파고 들어온 죄는 우리를 미혹하며, 우리 영혼 속에 군림하기 시작하여 하나님과의 교제를 단절시켰읍니다. 그리하여 인간의 영혼에 씻을 수 없는 수치를 가져다 주었읍니다. 설명할 수 없는 불안과 공포를 가져다 주기 시작하였읍니다.

그 결과 사람들은 하나님을 도피하는 것에서 즐거움을 찾았읍니다. 그리고는 자기가 그렇게 된 원인을, 사람들 때문에, 사회 때문이라고 책임을 전가하였읍니다.

아담은 범죄한 후에 하나님의 목소리를 들었읍니다.

"아담아 네가 어디 있느냐?"

그때 아담은, "내가 벗었으므로 두려워하여 숨었나이다"라고 응답하였읍니다. 여기에 그의 영혼을 파고 들어온 수치감을 볼 수가 있읍니다.

「두려워하여」란 말은 그의 영혼 속에 파고든 죄의 결과를 설명하여 줍니다. 「내가 숨었나이다」는 것은 하나님 앞에 범죄한 사람마다 하나님으로부터 피하기를 원하는 인간의 실존을 증언해 줍니다.

그러나 하나님은 교제의 회복을 열망하여 다시 범죄한 인간을 찾아오십니다. 인간을 포기할 수 없는 하나님의 집념입니다. 우리를 단념할 수 없는 하나님의 애정입니다. 그분이 우리를 체념하셨다면 아예 우리를 찾아 오시지 않았을 것입니다. 그 하나님이 우리를 부르시고 있읍니다.

네가 어디 있느냐?

하나님은 아담과 하와를 향해 말씀하셨읍니다.

"너는 잊었느냐? 부끄러움이 없고 두려움이 없던 그 때의 광회를 잊었는가?"

하나님은 20세기에 하나님 없이 살고 있는 이 시대의 영혼들에게 지금도 말씀하십니다.

"돌아 오라./ 벌거벗고 불안하며, 슬퍼하며, 가난한 너 현대의 아담이여./ 하와여./ 돌아오라."

"신의 영광을 상실하고, 하나님의 거룩한 형상을 파괴한 자여, 영광스러운 교제 가운데로 돌아오라."

하나님이 구원하시지 못할 만큼 절망적인 죄인이란 이 땅에 없읍니다. 하나님이 씻기지 못할 만큼 희망 없이 더럽혀진 죄인도 없읍니다. 하나님이 사랑하지 못할 만큼 증오스런 죄인은 없읍니다.

우리는 본래 만물을 지배하며, 만물 위에 군림해야 할 영광스런 피조물입니다. 그런데 오늘 우리는 만물의 노예로 살고 있읍니다. 하나님은 다시 우리의 지위를 영광스럽게 회복시키기 원합니다. 우리는 에덴의 영광을 즐길 수 있는 아름다운 인간으로 피조되었읍니다. 그런데 환경에 굴복하는 우리에게 하나님은 찾아오셔서 본래의 영광스런 인간으로 회복하라고 하십니다.

이 아버지의 애절한 부름이 들리지 않습니까?

지금도 우리를 찾아 오시는 구원의 소리

태초에 시작된 하나님의 탐색은 오늘도 계속되고 있습니다. 그래서 어느 날 하나님은 예수님을 보내셨습니다. 주님은 "인자가 온 것은 잃어버린 자를 찾아 구원하려 하심이라"고 친히 말씀하셨습니다. 때문에, 하나님은 예수님을 보내셔서, 죄악의 장벽을 헐어버리고, 죄를 용서받아서 거룩한 하나님의 의의 옷을 입고 아버지께 나아가도록 하셨습니다.

그런 이유로 독생자 예수님은 십자가에서 피를 흘리셨습니다. 그런 이유 때문에 성령이 찾아 오셔서 우리의 마음을 두드리십니다.

그러므로 당신의 친구를 통해서 당신에게 예수 그리스도가 필요하다는 사실을 깨우쳐 주십니다. 또한 교회당에서 울리는 복음의 메아리는 우리의 발걸음을 재촉하는 것입니다. 그 하나님은 오늘도 우리를 찾아오십니다.

에덴 동산에서 잃어버린 아담을 찾아온 하나님은 언제 그를 찾아 오셨습니까? 날이 서늘해지기 시작한 석양녘에 찾아 오셨습니다. 조급하게 아담을 다루신 것이 아닙니다. 만일 하나님이 이른 아침에 당장 아담을 찾으셨다면, 불안과 공포 속에서 아담은 하나님을 만났을 것입니다. 그러므로 하나님은 이른 아침에 나타나지 않았습니다. 또한 맹렬한 진노로 찾아 오시는 하나님이 아니라는 사실을 가르쳐 주기 위해서, 뜨거운 정오에 찾아 오시지도 않았습니다. 그리고 불안에 빠진 죄인들이 캄캄한 어두운 밤중에서 더 격렬한 고통으로 신음하지 않도록 한밤 중을 선택하지도 않았습니다. 날이 저물어 가는 서늘한 저녁에 하나님은 자비의 손길을 펼치시고, 자비롭게 불어오는 석양의 바람과 함께 아담을 찾아 왔던 것입니다.

동일한 하나님의 사랑과 은혜와 거룩한 권고가 지금 죄인들을 향해서 울려 퍼지고 있습니다. 이 하나님의 음성이 들리지 않습니까?

어느 날 다윗 왕이 하나님께 범죄하였습니다. 그러자 하나님은
범죄한 다윗으로 하여금 하나님과의 교제를 회복하도록 선지자를
보내셨습니다. 하나님의 음성을 사용하는 대신 선지자를 사용하
신 것입니다.

요나 선지자가 하나님이 자기에게 주신 사명감을 잃어버리고,
니느웨를 등지고 하나님이 없는 무목적의 삶을 향해서 도피할 때
에 하나님은 바람을 일으켰습니다. 그리고 파도를 불렀습니다. 물
고기를 준비하였습니다. 그리하여 떠나가는 요나를 향하여 말씀
하셨습니다.

오늘날 하나님은 다른 방법과 여러 가지 방편들을 통하여 우리
의 영혼이 돌아오길 촉구하십니다. 경건한 당신의 어머니의 기도
를 통해서 당신에게 촉구하십니다. 예수님을 사랑하는 당신의 친
구들의 목소리와 권면을 통해서 하나님은 당신의 영혼을 찾아오
십니다. 또한 성령의 감동으로 기록된 하나님의 멧세지를 통해서
잃어버린 당신을 향하여 돌아오라고 말씀하고 계십니다. 이 음성
이 들리지 않습니까?

당신의 마음은 돌밭처럼 굳어 있을지 모릅니다. 그러나 하나님
의 마음은 그렇지가 않습니다. 그분은 아침의 이슬에서도 당신에
게 희망과 기대를 걸고 있으며, 오늘 하룻 동안에도 당신이 예수
그리스도를 영접하길 기대하며 기다리십니다. 그분은 저녁 황혼에
회개치 않은 당신을 위하여 아파하십니다.

당신은 당신 자신을 어쩔 수 없다고 생각하지 마십시오. 그러
기에 하나님은 **"내가 너를 찾아 왔다"**고 말씀하십니다. 당신은
죄악 속에서 헤어 나올 수 없다고 말하지 마십시오. 죄를 이길 수
가 없다고 말하지 마십시오. 하나님은 우리 속에 성령의 능력을
베풀고, 죄를 이기는 거룩한 권능을 주시려고 우리를 찾아 오셨
다고 말씀합니다. 이 하나님의 사랑을 외면하시려는지요?

하나님과 당신 사이에 멀어진 관계는 얼만큼의 시간이 흘러갔던지 시간이 문제가 아닙니다. 그분은·어제도 오늘도 동일하십니다. 우리가 낮에 살고 있든, 어둠에 살고 있든, 혹은 도덕적인 어두움이 얼마 만큼 우리 속에 깊었든지 그 어두움이 문제가 아닙니다.

상거가 멀었지만 아버지는 돌아오는 아들을 향하여 달려가서, 그 아들을 끌어 안던 그 아버지의 사랑을 잊지 마십시오.

당신이 하나님을 피할 수 있다고 생각하면 어리석은 착각입니다.

시편 기자는 한때 하나님을 떠날 수가 있다고 생각하였을지 모릅니다. 그러나 어느 날 깊은 기도 가운데 하나님의 거룩한 임재 앞에 부딪혔읍니다.

"내가 주의 신을 떠나 어디로 가며 주의 앞에서 어디로 피하리이까 내가 하늘에 올라갈찌라도 거기 계시며 음부에 내 자리를 펼찌라도 거기 계시나이다 내가 새벽 날개를 치며 바다 끝에 가서 거할찌라도 곧 거기서도 주의 손이 나를 붙드시나이다"(시 139 : 7 - 10).

피할 수 없는 하나님, 그 하나님의 임재는 당신의 영혼과 당신의 삶을 향해 찾아 오시고 있읍니다. 그리고 말씀하십니다.

"네가 어디 있느냐?"

당신은 지금 하나님 없는 장소에 살고 있지 않습니까? 평안과 기쁨이 없는 곳에 있지는 않습니까? 무료한 시간의 절망 속에 거하고 있지 않습니까? 그리스도 없이 살고 있읍니까? 이제 나오십시오. 죄책과 불안한 어둠 속에서 살고 있읍니까? 이제 하나님께로 나오십시오.

이것은 단순히 우리를 구원만 하시겠다는 정도의 하나님의 의지라고 착각하지 마십시오. 그분이 우리를 찾으시는 이유가 있읍니다. 네가 어디 있느냐고 묻는 이유가 있읍니다. 그분은 우리를 찾아 와서 인도하시기 원하십니다. 보호하길 원하십니다. 우리에게 능력을 베풀어 주시고, 필요를 공급하시길 원합니다. 이제부터 우리 인생의 모든 불안과 갈등과 고민의 문제를 담당하시기를 원합니다. 그래서 아버지는 우리를 찾아오십니다. 그리고 기다리십니다.

이버지를 버리고 먼 나라로 떠나 갔던 탕자가 돌아올 때, 그 아들을 맞이하던 아버지의 모습을 기억하십니까? 아버지는 아들의 모습을 바라보며 눈물을 지었읍니다. 여기에 하나님의 자비하신 눈길이 있읍니다. 아버지는 달려오는 아들보다 더 성급한 걸음으로 아들을 향해서 달려갔읍니다. 이 하나님의 자비로운 발길을 보십시오. 때묻고 먼지나는 그 아들을 끌어 안는 아버지의 사랑을 보십니까? "너는 죽었다가 다시 살았고, 잃었다가 다시 찾았노라" 말씀하시는 자비하신 거룩한 음성이 여러분의 귓 속에 들려오지 않습니까?

하나님은 이 순간에도 여전히 동일한 사랑과 감격으로 저와 당신을 찾아 오십니다.

"너는 어디 있느냐?"

당신은 물론 이 음성을 묵살해 버릴 수가 있읍니다. 그리고 아무 것도 없었던 것처럼 이 시간 이후의 인생을 어제와 꼭 같이 살 수가 있읍니다. 하나님과 관계 없이, 당신의 인생을 그럭저럭 마칠 수가 있읍니다. 그러나 어느 날 "너는 어디 있느냐?"는 이 음성을 한 번 더 듣게 될 것입니다.

주께서 천사장의 호령과 나팔소리와 함께 이 땅에 다시 오시는 예수 그리스도의 재림의 그 날 예수님께서는 한 번 더 당신을 향해서 이 음성을 던질 것입니다.

그 때 무덤 속에 있던 육체는 다시 일어나게 됩니다. 그리고 예수 그리스도를 거절했던 영혼은 다시 그분의 몸 속으로 돌아올 것입니다. 그 때 주님은 선언하실 것입니다.

"저주를 받는 자여, 내게서 떠나가라! 너는 내 자비를 거절했다."

"이제 저 마귀와 그의 사자를 위하여 예비된 영영한 불 속으로 들어가라."

당신은 왜 이 하나님의 자비를 오늘 이 시간 거절하십니까? 그 이유가 무엇입니까?

지금 자비의 하나님을 만나지 않은 사람은, 어느 날 심판의 하나님을, 공의의 하나님을 만나게 될 것입니다. 참으로 오늘 당신의 결정은 무엇입니까? 당신의 삶의 자리는 어떠한 장소입니까? 20세기의 아담과 하와여, / **"너는 어디에 있느냐?"** 부르시는 하나님의 사랑의 음성 앞에 당신의 응답은 무엇입니까?

네 생명을 보존하라

그 사람들이 롯에게 이르되 이 외에 네게 속한 자가 또 있
느냐 네 사위나 자녀나 성중에 네게 속한 자들을 다 성밖
으로 이끌어 내라 그들에 대하여 부르짖음이 여호와 앞에
크므로 여호와께서 우리로 이곳을 멸하러 보내셨나니우리
가 멸하리라 롯이 나가서 그 딸들과 정혼한 사위들에게 고
하여 이르되 여호와께서 이 성을 멸하실터이니 너희는 일
어나 이곳에서 떠나라 하되 그 사위들이 농담으로 여겼더
라 동틀 때에 천사가 롯을 재촉하여 가로되 일어나 여기
있는 네 아내와 두 딸을 이끌라 이 성의 죄악 중에 함께
멸망할까 하노라 그러나 롯이 지체하매 그 사람들이 롯의
손과 그 아내의 손과 두 딸의 손을 잡아 인도하여 성밖에
두니 여호와께서 그에게 인자를 더하심이었더라 그 사람들
이 그들을 밖으로 끌어낸 후에 이르되 도망하여 생명을 보
존하라
 - 창세기 19장 12~17절

본 문에서, 우리는 두 가지 종류의 무리를 만나게 됩니다. 그 한 종류의 사람들은 롯의 가족이며 다른 한 종류의 무리는 천사들입니다.

먼저 천사들에 대해서 생각하겠습니다.

하나님의 메신저로서의 천사

성경은 천사들이 하나님께로부터 보내심을 받아 소돔성에 찾아왔다고 기록하고 있습니다. 그들은 보내심을 받은 메신저(**messenger**)였습니다. 사도란 말은 「보내심을 받은 사람」이란 뜻입니다. 선교사란 말도 원래 「보내심을 받는다」는 말에서부터 유래한 것입니다. 넓은 의미에서 모든 그리스도인들은 보내심을 받은 사람들입니다.

예수님께서는 "아버지께서 나를 세상에 보내신 것같이 나도 너희를 세상에 보낸다"(요 17 : 18) 라고 말씀하십니다.

보냄을 받은 사람의 책임은 보냄을 받은 장소에서 보냄을 받은 사람에게 위탁받은 멧세지를 타협없이 분명하게 선포하는 것입니다.

그는 먼저 보냄을 받은 장소에 가야 합니다. 그 곳이 아무리 어둡고 오염되고 악취로 가득찬 음산한 환경이라 해도 가야 합니다.

그가 만나야 할 사람이 아무리 반신적이며 복음을 냉소하고 그리스도인을 박해하는 자라 해도 그에게 가야 합니다.

성별된 삶이란 결코 도피주의적인 생활 태도를 의미하지 않습니다. 거룩하고 경건의 삶이란 이 세상의 환경과 역사 속에서 스스로를 분리하는 삶이 아닙니다.

그리스도인은 세상 속에 소금으로 남아 있어야 합니다. 우리는 악에 빠지지 않으면서 소금으로 세상에 있어야 합니다. 우리는 악과 더불어 타협하지 않으면서 소돔 – 소돔 같은 가정, 소돔 같은 직장, 소돔 같은 상가, 소돔 같은 공장, 소돔 같은 학원 – 으로

가야 합니다. 소돔으로 가라는 주님의 명령을 거부해서는 그리스
도인이 될 수 없읍니다. 당신이 그리스도인이라면 당신은 소돔으
로 보내 주신 하나님의 천사라는 사실을 기억해야 합니다.

천사들의 멧세지

"그 사람들이 그들을 밖으로 이끌어 낸 후에 이르되 도망하여 생
명을 보존하라 도망가라 생명을 보존하라 멸망이 임박했다"(17
절).
이것이 천사들이 증언한 멧세지였읍니다. 이것은 기쁜 소식이
아닙니다. 피차에 불쾌한 소식입니다. 그러나 중요한 소식입니다.
멸망과 구원이 바로 이 소식에 달려 있기 때문입니다.
 저는 소돔에 보내심을 받은 천사들이 사람들의 귀를 즐겁게 하
는 코메디언이 아니었던 것을 감사하게 생각합니다. 또한 사람들
의 인기에 영합하여 사람들이 듣기에 좋은 소식만을 전하는 탈렌
트가 아니었던 것을 다행스럽게 생각합니다. 천사들은 사람들을
기쁘게 하기 위해서가 아니라 구원하기 위해서 보내심을 받은 것
입니다. 그리스도인들은 이 세상 사람들을 기쁘게 하기 위해서 보
내심을 받은 것이 아니라 사람들을 구원하기 위해서 보내심을 받
은 것입니다.

 바울 사도는 갈라디아서 1장 10절에서 "이제 내가 사람들에게
좋게 하랴 하나님께 좋게 하랴 내가 사람들에게 기쁨을 구하랴 내
가 지금까지 사람의 기쁨을 구하는 것이었더면 그리스도의 종이
아니니라"고 증언했읍니다. 그런데 우리의 복음 전도는 사람의
기분과 사람의 반응과 사람의 체면에 너무 민감하여 그들을 기다
리는 멸망의 심각한 위기를 증언하는 일에 실패하고 있는 것은 아
닌지요?
 지옥에 관한 멧세지가 사람들을 불쾌하게 만들기 때문에, 예수
를 믿지 않으면 멸망한다는 이 소식이 사람들을 유쾌하게 할 수

없기 때문에, 우리는 이 소식을 뒷전에 던져버리고 듣기 좋은 철학이나 어떤 시사성 같은 소리들로 이 복음을 대치하는 오염 속에 빠지고 있지는 않습니까?

저는 얼마 전 일본을 방문할 때 일본의 교회 지도자들과 일본교회가 성장하지 못하는 원인에 대해서 토론한 적이 있습니다. 그 때 일본 목사님들의 솔직한 고백이 "우리는 한국 교회 성도들처럼 열심을 가지고 전도할 수가 없습니다"라고 말했습니다. 그 원인이 무엇이냐고 묻자, 그분들은 "우리는 남의 사생활을 침범하기를 원치 않습니다. 되도록 상대방에게 민감하기를 원합니다. 그래서 우리가 지나치게 전도할 때 그것이 상대방의 감정을 해치고 그들의 삶의 분위기를 파괴할까 두려워서 전도를 못하고 있읍니다"라고 대답했읍니다.

저는 그 일본 목사님에게 이렇게 말했읍니다.
"어떤 곳에 갔더니 관광 안내원이 이렇게 말하더군요.
「이 곳에는 절간이 있었는데, 어느 날 갑자기 땅 바닥을 뚫고 솟아나오는 화산 용암의 강한 폭발로 말미암아서 그 절간이 그 속에 들어가 버렸읍니다. 그 깊이가 1,800미터나 되었읍니다.」

그런데 지글지글 끓고 있는 그 용암을 향해서 어떤 아이가 기어가고 있었다고 합시다. 그 때 이 아이의 인권을 존중하기 위해서 그가 용암을 향해서 기어가고 있는 모습을 보고도 방관하고 있어야 합니까? 아니면 아이가 좋아하든 싫어하든 생명을 구출하기 위해서 이 아이가 가는 그 길을 차단하고 방향을 바꾸는 일에 참여해야 합니까? 어느 것이 옳습니까?"

체면보다 귀한 것은 목숨입니다. 예절보다 더 귀한 것은 생명의 구원입니다.

죽음의 위기 앞에 서 있는 사람들에게 그들이 피할 길이 있음에도 "모든 것은 괜찮을 것입니다. 당신이 종교에 대해서 관심을 가지고 있는 것을 보니 희망이 있읍니다. 모든 것은 잘 될 것입니다. 문제는 아무것도 없읍니다"라고 속삭이는 종교는 우리를 속이는 것입니다. 이것은 인간의 기분을 자극하여 멸망으로 인도하는 망상의 철학인 것입니다.

성경은 "아들을 믿는 자는 생명이 있고 아들을 믿지 않는 자는 영생을 보지 못하고 도리어 하나님의 진노가 그 위에 머물러 있다"고 말합니다.

이것이 사실이라면, 당신은 목숨을 걸고 예수 그리스도의 복음을 전해야 하지 않겠읍니까?

만약 당신이 구원받지 못한 사람이라면 당신을 기다리고 있는 것은 지옥입니다. 이 사실은, 당신이 듣기에 기분이 좋든 좋지 않든, 전해야 하는 타협할 수 없는 하나님의 엄숙한 선포입니다.

천사들은 임박한 멸망의 위기를 타협없이 전했읍니다. 그렇게 하여야만 사람들이 복음에 귀를 기울이고 살 길이 열릴 수가 있기 때문입니다.

그렇게 하지 않는다면, 지옥의 위기와 하나님의 멸망의 심판을 기다리는 사람들이 예수 그리스도 앞에 나와서 하나님을 영접하는 역사는 일어날 수가 없읍니다.

천사들의 강권

"천사가 롯을 재촉하여 가로되 일어나 여기 있는 네 아내와 두 딸을 이끌라 그러나 롯이 지체하매"(15~16절).
천사들은 멸망을 선포하였읍니다. 그리고 롯의 손을 이끌어 성 밖으로 끌어냈읍니다. 그것은 일종의 강권입니다. 신사적이며 인격적인 방법이 아닙니다. 그러나 이것은 위대한 전도 방법입니다. 예의있는 방법으로 영혼의 멸망을 지켜보는 방관자가 되기 보다는 무례한 방법으로라도 영혼을 구원하는 광신자가 되는 것이 낫읍니다.

두 천사는 그들의 두 손을 다 사용하였읍니다. 천사의 멧세지를 전해 받은 사람은 롯과 그의 아내와 두 딸이었읍니다. 두 천사의 손은 넷이었읍니다. 네 손으로 네 사람의 손을 다 붙잡았읍니다.

한 천사는 롯과 그의 아내의 손을 또 한 천사는 두 딸의 손을 붙들었을 것입니다.

천사들의 모든 손은 그들을 구원하기 위하여 다 동원되었읍니다.

그런데 여러분은 어떻습니까?
여러분은 영혼의 구원을 위하여 가능한 수단을 다 동원하고 있읍니까? 무엇보다도 눈물과 사랑을 가지고 잃어버린 영혼을 구원하는 데 우리의 전부를 드려야 합니다. 한국의 성도들이 이 땅의 잃어버린 영혼들을 향해서 흘리는 눈물이 이 땅을 적시게 될 때 한국의 복음화는 이루어 질 것입니다.

입을 열어 복음을 전하십시오. 여러분의 삶을 그리스도가 변화시킨 것을 보여 주십시오. 그리고 그들의 옷자락을 잡아 끌어 강권하여 그리스도의 복음을 듣도록 하십시오.

누가복음 14장에 보면 어떤 사람이 커다란 잔치를 베풀어 손님을 청합니다. 그러나 이 위대한 잔치의 소식을 듣고도 찾아오는 사람이 없읍니다. 주인은 "가서 저는 자와 병신들을 데리고 와서 내 잔치를 채우라. 곡물이나 산과 들로 가서 사람들을 강권하게 데려다가 내 집을 채우라"고 말합니다.

이것이 잃어버린 영혼을 구원하시길 원하는 주님의 열정이요 주님의 심정입니다.

천사들의 배려

"그 사람들이 그들을 밖으로 이끌어 낸 후에 이르되 도망하여 생명을 보존하라"(17절).

천사들은 그들을 성 밖으로 이끌어 낸 후에 "당신은 안전 지대에 왔읍니다. 혼자 가시기 바랍니다"라고 말하지 않았읍니다. 성

밖에 그들을 이끌어 낸 후에 지금부터 어떻게 해야 할 것인가에
대한 문제에도 관심을 가졌읍니다.

우리는 전도하던 사람이 교회에 출석하면 임무가 끝났다고 생
각하는 경우가 있읍니다. 그러나 천사들의 전도 방법은 달랐읍니
다. 천사들은 그들이 구원하기 원하는 롯의 가족들의 영혼을 끈
질기게 추적합니다. 그들이 완전한 안전 지대에 도착하여 걸어갈
수 있을 때까지 천사의 사역은 끝나지 않습니다.

누구보다도 성도의 관심과 돌봄이 필요한 사람은 지금 막 믿기
시작한 새 신자들입니다.

C.S.루이스는 말하기를 "마귀는 불신자들에게 별로 관심이 없
다. 왜냐하면 그들은 어차피 마귀의 지배 아래 있으니까. 그러나
한 사람이 새로운 신자가 되는 순간 마귀는 놀란다. 그리고 마귀
의 공격은 시작된다. 마귀는 그들의 마음 속에 의심을 심으며 그
들의 마음 속에 기독교인들의 헛점을 보여 주고 그들의 마음 속
에 교회의 부조리를 보여 주어 그들의 신앙이 그리스도에게서 끊
어질 수 있도록 온갖 수단을 다하여 영혼과 인격의 파괴를 시도
하고 있다"고 했읍니다.

때문에 한 사람의 영혼이 구원받을 때 더 세심한 배려와 끈질
긴 관심이 필요하다는 것을 천사에게서 배울 수 있읍니다.

이제 롯의 식구들을 생각해 보겠읍니다.
천사들이 임박한 심판의 위기와 멸망을 선포할 때 롯과 그의 식
구들은 어떤 반응을 보였읍니까?

16절의 간단한 말씀은 우리의 슬픔을 자아내고 있읍니다.
"그러나 롯이 지체하며."
당장에 멸망할 것이라는 천사들의 증언을 듣고도 롯이 지체하였
읍니다.

롯은 무엇 때문에 지체하고 있었을까요?
롯은 아마도 자기의 **재산** 때문에 망설였는지 모릅니다. 소돔의 물

과 풀이 풍성한 평지에서 자라는 수 많은 가축과 양떼들을 볼 때 차마 롯은 소돔을 떠날 수 없었을 것입니다.

"이 많은 가축과 양떼를 놓아두고, 지금까지 뼈골이 부서지도록 일해서 성공해 놓은 이 사업을 두고 이 땅을 떠나란 말입니까?" 그러나 재산이 귀합니까? 아니면 목숨이 귀합니까?

주님은 "사람이 온 천하를 얻고도 제 목숨을 잃으면 무엇이 유익하겠느냐"고 말씀하십니다.

롯의 재산에 대한 집착은 하마터면 재산과 목숨을 한꺼번에 잃을 뻔하였읍니다.

누가복음 12장에 나오는 어리석은 부자가 생각나십니까? 소출이 풍성하여 곡간을 넓혔읍니다. 많은 곡식을 곡간에 쌓아 두고 부자는 자기 영혼에게 독백처럼 속삭입니다.

"내 영혼아 여러 해 쓸 물건을 많이 쌓아 두었으니 평안히 쉬고, 먹고 마시고 즐거워하자."

그 날 밤 하나님은 부자에게 말씀하십니다.

"어리석은 자여 오늘 밤 네 영혼을 도로 찾아 가리니 그러면 네 예비한 것이 뉘 것이 되겠느냐."

목숨은 재산을 주고 바꿀 수 없는 것입니다. 그런데 롯은 그 재산 때문에 하마터면 멸망할 뻔했읍니다.

롯의 아내는 왜 지체했읍니까?

자기 딸들에 대한 **애정** 때문에 그러했을지 모릅니다. 아니면, 친절하고 마음씨 좋고 장모를 잘 대접하는 사위들 때문에 그러했을지도 모릅니다.

그러면 이 딸들은 왜 머뭇거리고 있었을까요?

자기들이 사귀고 있는 애인들 때문에 그러했을지 모릅니다.

"내 사랑하는 애인과 이별을 하고 어떻게 이 자리에서 떠나갈 수가 있어요. 죽을지언정 차라리 여기에서…"

이런 심정이 없지 않아 있었을 것입니다.

요즈음도 많은 사람들이 인간 관계의 상실을 두려워하며 복음에 응답하지 못하는 경우가 많습니다. 혹은 예수를 믿으면 지금까지 가져오던 취미와 습관에 변화가 오는 것이 두려워서 응답하지 못할 수도 있읍니다.

그러나 그리스도를 잃어버리는 것보다 차라리 세상의 친구를 잃어 버리시기 바랍니다. 사람의 박수 갈채 속에서 지옥으로 가는 것보다 사람들의 조소와 박해를 받으며 천국에 가시기 바랍니다.

당신의 손이 성도의 손과 예수님의 피묻은 손을 잡는 것보다 세상 사람의 손을 잡는 것이 더 좋게 여겨지거든 차라리 그 손을 잘라 버리십시오. "한 손으로 천국에 들어가는 것이 두 손으로 지옥에 가는 것보다 낫다"라고 성경은 말하고 있읍니다.

롯의 가족들과 소돔성의 주민들이 임박한 멸망의 위기에 대해서 잘못된 반응을 보이고 있었던 다른 이유는 아마도 **심판을 믿지 않았기 때문**일 것입니다.

특별히 사위들은 천사들의 멧세지를 농담으로 여겼읍니다. 베드로후서 3장 3절 이하에 보면, 말세에 기롱하는 자들이 찾아와서 이 복음을 조소하고 말하기를 "주의 강림하신다는 약속이 어디 있느뇨 조상들이 잔 후로부터 만물이 처음 창조할 때와 같이 그냥 있다 하니"라고 냉소하는 현대판 롯의 사위들이 있다고 했읍니다.

그들은 농담으로 받아들였지만 그 날 해가 떨어지기 전에 소돔성은 유황불로 타고 말았읍니다. 그들은 불 속에서 탄식하였을 것입니다.

아마도 롯은 심판이 온다는 사실을 믿기는 했지만 그렇게 절박한 것으로 믿지 않았으므로 지체하였을 것입니다.

하나님은 이 메시지를 동틀 무렵에 전하셨읍니다(15절). 그리고 해가 돋았을 때 유황의 불비가 소돔성에 쏟아지기 시작하였읍니다(23절). 그러므로 한두 시간 사이에 그 일이 결정되어진 것입니다. 그들은 한두 시간 앞에 다가올 멸망의 순간을 내다보지 못한 것입니다. 아마도 이들은 내일도 해는 돋을 것이며, 자기들은 그 땅에 생존할 것이라고 생각하였을 것입니다. 이처럼 사람들도 신앙의 결정을 유보합니다. 내년 아니 몇 년 후에는 신앙생활을 잘 하겠다고 생각합니다.

그러나 성경은, "너는 내일 일을 자랑하지 말라 사람이 하룻 동안에 무슨 일이 일어날는지 알 수가 없다"고 선언합니다.

여기서 롯은 다행히도 구원을 받았습니다. 어떻게 구원받았을까요?

첫째로, 아브라함이 그를 위하여 기도하였읍니다.
"하나님이 들의 성들을 멸하실 때 곧 롯의 거하는 성을 엎으실 때에 아브라함을 생각하사 롯을 그 엎으시는 중에서 내어 보내셨더라" (창 19 : 29).
하나님은 아브라함을 생각하고 롯을 구원하셨읍니다.

저는 1963년부터 1965년까지 2년 동안 방황을 하였읍니다. 이 교회에서 저 교회로 방황을 하였으나 예수 그리스도와 만나지 못했읍니다. 그래서 괴로와하다 어느 날 시골 작은 교회로 갔읍니다. 거기서 저는 처음으로 진지하게 성경을 읽었읍니다. 그리고 오스왈드 J.스미스가 쓴, 복음을 요약한 책을 읽다가 예수 그리스도를 보기 시작하였읍니다. 특히 갈라디아서 2장 21절의 말씀인 "내가 하나님의 은혜를 폐하지 아니하노니 만일 의롭게 되는 것이 율법으로 말미암으면 그리스도께서 헛되이 죽으셨느니라"는 진리가 저의 눈을 열었읍니다. 저는 이 말씀을 통하여 마음을 열고 예수 그리스도를 저의 구주와 주님으로 믿기 시작하였읍니다.

그 후 고향으로 돌아와, 수 많은 사람들에게 제가 거듭난 사실을 간증하였읍니다. 그 때 사람들이 저에게 말하였읍니다.
"내가 당신을 위해서 기도하였읍니다."
저는 자신의 신앙에 대한 끈질긴 추구와 탐구로 구원받았다고 생각하였는데 사실은 그것은 우연히 아니고 배후에 기도가 하늘의

보좌를 움직였음을 비로소 깨달았습니다. 그러므로 당신을 위해
서 드려지는 기도를 과소평가하지 마십시오.

둘째로, 롯은 천사들의 강권으로 구원받았습니다.
이른 새벽 단잠을 깨운 천사들의 방문은 불쾌한 것이었습니다. 그
러나 그 해가 지기 전 이 방문객의 무례를 얼마나 감사하였을까
요?
　그리스도인들의 무례는 때때로 필요합니다.

세째로, 하나님의 사랑이 롯을 구하였습니다.
창세기를 아무리 살펴보아도 롯이 구원받을 만한 일을 하지 않았습
니다. 그는 별로 모범적인 사람이 아니었습니다. 이를 이해할 수
가 없었지만, 저를 생각할 때 비로소 이해가 되었습니다. 저는 하
나님께 동정받을 여지가 하나도 없는 죄인입니다. 그런데 왜 주
님께서 구원하셨는가는 풀 수 없는 신비입니다. 그러나 저를 사
랑한 하나님은 롯도 그렇게 사랑하셨을 것입니다. 이것은 하나님
의 은혜입니다. 은혜란 전혀 받을 자격이 없는 사람에게 베풀어
주시는 하나님의 호의입니다. 롯은 이 하나님의 무조건적인 호의
때문에 구원을 받을 수 있었습니다.
　롯이 원한 것이 아닙니다. 하나님이 먼저 롯을 사랑하셨습니다.
그리고 천사를 보내셨습니다. 우리가 주님과 아무 관계가 없을 때,
주님은 우리를 찾아 오셔서 우리의 마음 속에 역사하셨습니다.

　당신은 이 은혜 때문에 구원받는 사실을 믿으십니까? 당신도
지금 구원받고 생명을 보존하시기를 바랍니다.

네 섬길 자를 오늘 택하라

만일 여호와를 섬기는 것이 너희에게 좋지 않게 보이거든
너희 열조가 강 저편에서 섬기던 신이든지 혹 너희의 거
하는 땅 아모리 사람의 신이든지 너희 섬길 자를 오늘날
택하라 오직 나와 내 집은 여호와를 섬기겠노라
– 여호수아 24장 15절

이 말씀은, 하나님의 사람 여호수아가 가나안 땅에 들어온 이 스라엘 백성들을 향해서 그의 인생 석양에 선포한 멧세지 입니다.

이스라엘 백성들이 약속된 땅 가나안 복지에 들어온 이후에 공적으로는 야훼 하나님을 여전히 섬기고 있었지만, 새로운 문화와 접하면서 이방 우상에게 매력을 느끼기 시작하였읍니다. 한편으로는 여호와를 섬기면서 다른 한편으로는 아모리의 신이나 에집트의 신들이라든지 혹은 메소포타미아의 우상들을 섬기기 시작한 것입니다.

그리하여 이스라엘 백성들은 이중 구조적인 신앙을 갖게 되었읍니다. 이러한 이스라엘을 향하여 여호수아는 결단을 촉구하지 않을 수가 없었읍니다. 그의 지상 생애가 끝나기 전에 확실한 신앙의 결단을 촉구하기 위하여, 그의 유언과도 같은 이 말씀을 이스라엘 백성들에게 던진 것입니다. 다시 말하면, 여호수아는 자기의 마지막 남은 생명의 불꽃을 가지고 이스라엘 백성들에게 선택의 중요성과 긴박성을 설교하게 된 것입니다.

「세겜」이란 장소는 「에발」산과 「그리심」산 사이의 유명한 계곡으로서, 아브라함이 가나안 땅에 와서 처음으로 제단을 쌓은 곳입니다.

또한 야곱이 메소보다미아에서 돌아와서 우상을 파묻고, 하나님 앞에서 새로운 삶을 살기로 작정했던 곳입니다.

요셉의 뼈가 묻힌 장소입니다.

그리고 하나님으로부터 받았던 율법을 여호수아가 다시 한 번 낭독하고 율법을 베푼 장소가 바로 이 세겜입니다. 그리하여 이스라엘 백성들에게 있어서 세겜 땅은 하나님의 백성들이 올바른 결단이나 선택을 할 때 기억되었던 장소임을 성경에서 볼 수 있읍니다.

이제 이스라엘 백성들에게 새로운 중요한 **선택의 과제**가 요구되었읍니다. 하나님을 선택할 것인지 우상을 숭배할 것인지 요구

되는 시점에서 여호수아는 하나님의 백성들을 세겜 땅에 모았읍
니다. 그 곳은 유서 깊은 장소였고, 이스라엘 백성들은 그 장소
에 모였다는 사실 하나만이라도 설교를 듣고 있었읍니다.

한편 여호수아가 이 선택의 멧세지를 던졌던 역사적 시기를 주
목할 필요가 있읍니다.

하나님께서는 이스라엘 백성들을 애굽 땅에서 구출하신 이래 약
속하신 젖과 꿀이 흐르는 가나안 땅으로 인도하셨읍니다. 가나안
땅의 모든 적들을 말끔히 몰아내시고 이스라엘 백성들에게 선물
로 주신 것입니다. 가나안 땅의 대부분은 이스라엘 백성 열두 지
파에게 공평히 분할되었읍니다. 그러나 그들은 새로운 땅을 얻은
다음에 새로운 과제에 직면하였읍니다. 새로운 질서가 시작되어
야 할 역사적인 시점 앞에 섰읍니다. 이스라엘 백성들의 마음 속
에는 이런 질문들이 스치고 지나갔을 것입니다.

"이제는 누구를 중심으로 이 나라를 이끌어가야 하는가?"

바야흐로 하나님의 사람 여호수아는 죽음의 순간에 직면하였고,
역사적 과거와 미래의 분수령 사이에서 이 선택의 멧세지— **오늘
날 너희 섬길 자를 택하라**—가 선포되었읍니다.

이 말씀 속에서 주께서 요구하신 선택의 도전에 대한 내용을 살
펴 봅시다.

선택의 권리

하나님은 선택을 강요하신 것이 아니라 선택할 권리를 주셨읍니
다. 하나님은 스스로 선택한 사람들에 의해서 섬김 받기를 원하
시는 분임을 알 수가 있읍니다. 여기서 우리는 하나님께서 선택
의 권리, 즉 자유가 동반되는 선택의 모험을 아시면서도 인간에
게 선택의 의지를 부여하신 사실을 알게 됩니다.

그러면 우리가 주님을 선택할 때에 무엇을 위해서 선택한다는

것입니까?

우리는 우리가 섬길 자를 선택하는 것입니다. 섬김을 위해서 섬겨야 할 자를 선택하는 것입니다.

신앙의 본질은 사색이 아닙니다.

신앙의 본질은 논리도 아닙니다.

신앙은 본질적으로 섬김 그 자체입니다. 여기 **섬김**이란 단어는 **예배**라는 단어로 바꿀 수 있으며 **봉사**로 바꾸어도 무방합니다.

우리가 예수를 믿는 것은 하나님을 섬기기로 선택하는 것입니다. 인간은 무언인가를 섬기지 않고는 결코 살아갈 수가 없습니다. 하나님을 거절한 사람은 하나님 대신에 우상을 섬깁니다.

수 년 전에 전세계 자유 진영의 대학생들이 오슬로에 모여서 국제적인 대회를 가졌었읍니다. 그 가운데 자유 진영에 살고 있는 젊은이들이 갖고 있는 고민이 무엇인가를 토의하였읍니다. 그 공통적인 고민은, 오늘날의 젊은이들이 그들의 정열을 불태울 만한 대상이 없다는 것입니다. 즉, 섬길 대상이 없다는 이야기입니다.

반대로, 칼·막스의 논리를 따르는 공산당의 청년들에게는 섬길 수 있는 대상이 뚜렷이 있었읍니다. 그들에게는 그들이 믿는 이데올로기를 위해서 열 번이라도 죽을 수 있는 구체적인 대상이 있는데 반해서, 자유 세계의 젊은이들에게는 무엇인가를 위해서 섬김을 바칠 수 있는 대상이 없다는 사실이 지적되었읍니다. 이것은 뜻깊은 시사(示唆)입니다.

인간은 섬길 대상을 발견하고 그 대상에게 삶의 정열을 바치지 않고는 행복할 수가 없습니다.

선택의 긴박성

하나님은 이러한 인간을 알고 계시므로 선택의 긴박성을 가르쳐 주십시다. 우리의 섬길 자를 오늘날 택하라는 것입니다. 내일, 아니 5년 후에, 10년 후에 택하라고 말씀하시지 않았읍니다. 바로 오늘이라고 그 긴박성을 강조하셨읍니다. 이것은 연기할 수 없는 중대사입니다.

마틴 루터가 유명한 이야기를 하였읍니다. 어느 날 사단은 부하들이 땅으로 내려 가기 전에 회합을 가졌읍니다. 그 때에 사단이, "너희들은 무슨 계책으로 인간들을 사로잡겠는가?"하고 물었읍니다. 한 악령이 대답하기를, "나는 사람들의 마음 속에 하나님이 안계시다는 의심을 불어 넣겠읍니다"라고 하였읍니다. 사단은 "우리는 그 전략을 오랫 동안 써 왔는데 이제 그것이 잘 통하지 않는다네. 인간의 마음 속에는 하나님이 살아계시다는 것을 부인할 수 없는—종교를 부인하면서도 신을 부인할 수 없는—종교적인 본능이 있기 때문이지. 그러므로 사람들의 마음 깊은 곳에는 아직도 하나님을 찾고 있는 열정이 더욱 더해 가고 있다네. 때문에 그 방법으론 인간들을 공략할 수가 없을걸세"라고 말하였읍니다.

다른 악령은 "나는 사람들의 마음 속에 「지옥이 없다」고 할 것입니다. 그래서 인간들을 안심시켜 놓고 지옥으로 끌고 오겠읍니다"라고 말했읍니다.

"아니, 그 전략도 통할 수가 없다네, 인간들은 그들이 살고 있는 세상 자체가 무서운 지옥으로 실감하므로 지옥을 믿기에 그리 어렵지 않게 되었으니 그 전략도 통할 수 없다네."

그러자 다른 악령 하나가 말하였읍니다.

"그렇다면 나는 기독교인들을 공격하겠읍니다. 그들에게 고난을 주어서 이런 의식을 불어 넣을 것입니다. 예수를 믿으면 재앙을 받는다. 그리고 필요하다면 그들을 죽일 것입니다."

그 말을 듣고 사단이 만류하기를, "그것은 우리가 완전히 착각했던 전략으로서 가장 사용하기 어렵고 또 사용해서는 안되네. 우리가 지난 역사를 통해 수 많은 그리스도인들을 죽여보았는데 그 때마다 선교자들과 그리스도인들은 소리를 높여서 말하기를, 「의를 위해서 박해를 받은 저 성도들을 바라보라./ 주님을 위해서 죽는 것이 얼마나 영광스런 것이냐!」고 함으로 더 많은 사람들이 그리스도를 위해 죽기를 결심하고 있지 않는가?"라고 말하였읍니다.

그 때 구석에 있던 악령이 손을 들고 말하기를 "저는 사람들에게 이 전략을 사용하겠읍니다. 「서두를 것 없다. 천천히 믿어라」라고 하였읍니다.

갑자기 지옥에서는 시끌시끌한 박수소리가 터졌읍니다.

"바로 그거다!"

사단이 파안대소하면서 소리쳤읍니다.

"바로 그거야! 우리가 그 전략으로 지금까지 수없이 많은 인간들을 포박하였다네."

"너희가 오늘날 섬길 자를 택하라."

"보라 지금은 은혜받을 만한 때요 보라 지금은 구원의 날이로다" (고후 6 : 2).

여기 선택의 긴박성이 있읍니다.

선택의 공개성

선택은 공개적이지 않으면 안됩니다. 여호수아는 이스라엘 백성들 앞에서 공개적으로 선택을 요구하였읍니다.

어느 날 어떤 분이 저를 찾아와서 "목사님, 저의 직장에서 제가 그리스도인인 것을 아는 사람은 아무도 없읍니다"라고 득의양양해서 말하였읍니다.

오늘날 많은 그리스도인들이 이런 의식 속에서, 소위 F.B.I. 식의 그리스도인이 되려고 합니다.

"내가 그리스도인인 것을 아무도 모른다는 사실은 얼마나 스릴이 있는가? 공연히 그리스도임을 공개하면서 '체'하고 살 필요가 무엇인가?"

그들은 이러한 생각을 즐깁니다.

그러나 이것은 가능하지 않습니다. 본문 말씀을 통해서 주님은 우리에게 공개적인 선택을 요구하십니다.

누구나 결혼할 때, 곁에 서 있는 사람을, 신랑이나 신부로서 받아들일 것을 사람들 앞에 공개적으로 선언합니다. 자랑스런 신랑(신부)임을 선포하고 공개적으로 축하를 받습니다. 신부는 자기 곁에 있는 신랑을 자랑스럽게 선포하기에 부끄러워하지 않습니다.

일생을 같이 할 반려자를 공개적으로 선택할 수 있다면, 영원한 생명을 좌우할 수 있는 거룩한 하나님을 받아들이는 일에 공개적으로 선택하지 못할 이유가 무엇입니까?

수 많은 사람들이 바라본다 하여도 상관이 없습니다. 세상이 우리를 손가락질하여도 상관이 없습니다. 천하가 우리의 선택을 조롱하여도 아무런 상관이 없습니다. 하나님을 선택하여 삶이 바뀔 수가 있다면 우리는 공개적으로 이 선택을 할 수가 있습니다. 여기 선택의 공개성이 있습니다.

예수님은 우리를 사랑하셔서, 하늘과 땅 사이에 공개적으로 매달렸습니다. 그런데 아직도 신앙 고백하기를 꺼려하며, 자기의 믿음을 남 앞에서 증거하기를 싫어하는 사람들이 많습니다. 성경은 선택의 공개성을 요구합니다.

결국 우리는 선택하여야 합니다.

하나님이든지, 세상이든지…

야고보는, 누구든지 세상과 벗이 되고자 하면 스스로 하나님과 원수가 된다고 말하였습니다. 주님은 친히 "사람이 두 주인을 함께 섬길 수 없다"고 하셨습니다.

어느 날, 무디 목사님에게 새 신자 한 분이 찾아와서, "목사님 세상을 어떻게 버릴 수가 있겠습니까?"라고 말하였습니다. 무디 목사님은 "형제여, 걱정하실 필요가 없습니다. 형제가 예수 그리

스도를 완전히 선택하면, 세상은 자연히 형제를 좋아하지 않게 될
것입니다. 그리고 세상은 자연히 형제를 포기할 것입니다"라고
대답하였읍니다.

우리는 두 주인을 함께 소유할 수가 없읍니다. 우리가 예수 그
리스도를 우리의 구주와 주님으로 분명히 선택할 때 자연히 세상
에서 성별될 것입니다.

선택의 출발점

"너희가 섬길 자를 택하라"고 선포한 여호수아는 곧 이어서 자기
의 고백을 합니다. 이것은 선택의 고백입니다.

그는 설교만 한 것이 아니라 스스로 어떤 선택을 하였는가 공
개적으로 고백합니다.

"오직 나와 내 집은 여호와를 섬기겠노라."

먼저 그의 고백은 "나"로부터 시작됩니다. 선택은 먼저 나 자신
으로부터 시작되어야 합니다.

나의 선택이 중요합니다.

나의 결단이 중요합니다.

선택은 내게서부터 시작되어야 합니다.

사회가 우리를 평가하는 여론이 중요하지 않습니다. 중요한 것
은 하나님 앞에서 개인적인 우리 자신의 결단인 것입니다.

나아가서 여호수아는 그가 여호와를 믿는 사실과 하나님을 선
택한 신앙으로 만족하지 않았읍니다. 그는 신앙의 존귀함을 알기
에 선택의 축복을 사랑하는 가족들과 나누고 싶어합니다. 그래서
그는 그와 그 집이 여호와를 섬길 것을 고백합니다.

하나님은 가정을 존귀하게 여기십니다. 창세기부터 요한계시록
까지 성경은 가정의 중요성을 선포하셨읍니다.

노아 시대에 세상이 악해졌을 때 하나님이 노아와 그의 집을 구
원하셨던 사실을 성경에서 봅니다.

바울과 실라가 빌립보 감옥에서 그 감옥을 지키던 간수를 향해서 구원의 멧세지를 전할 때 "주 예수를 믿으라 그리하면 너와 네 집이 구원을 얻으리라"고 하였던 것을 기억합니다.

복음 속에서 가정의 구원을 열망하시는 거룩한 하나님의 모습을 볼 수 있읍니다.

어느 시인은 "인간이 낙원을 잃어버린 이후에 이 낙원과 가장 비슷한 것이 있을 수가 있다면 그것은 가정 뿐이다. 가정을 잃어버린 사람은 모든 것을 잃어버린다"고 말하였읍니다.

한 예술가가 이 세상에서 가장 아름다운 그림을 그리고 싶었읍니다. 그런데 가장 아름다운 것이 무엇인가가 문제였읍니다. 그는 사람들을 찾아서 묻기로 하였읍니다.

어느 종교인을 찾아서 물었읍니다.

"당신에게 있어서 가장 아름다운 것이 무엇입니까?"

그는 "믿음"이라고 대답하였읍니다.

한 숙녀에게 "세상에서 가장 아름다운 것이 무엇입니까?"라고 물었읍니다. 그녀는 "사랑"이라고 대답하였읍니다.

어떤 군인은 "평화"라고 하였읍니다.

믿음? 사랑? 평화?

그러면 이 세 가지를 한 곳에 모을 수 있는 그림은 없는 것일까 하고 고민하며 집으로 돌아온 화가가 초인종을 눌렀을 때, 꼬마들이 마중 나와서 "아빠!"하며 품에 안겼읍니다. 그는 자기의 팔에 매달리는 꼬마들의 눈동자 속에서 아버지를 신뢰하는 믿음이 반짝이고 있음을 보았읍니다. 그리고 뒤이어 나오며, "여보, 이제 오우"하는 아내의 눈동자 속에는 자기를 향한 사랑이 가득 담겨 있었읍니다. 그 집은 문자 그대로 평화가 감돌고 있었읍니다.

가정은 인간이 소유할 수 있는 가장 아름다운 하나의 예술입니다. 하나님은 이 가정 속에 축복을 부어 주시기를 원하십니다. 이 가정에 영생을 주시기를 기뻐하십니다. 그래서 하나님은 바로 당신 가정에 주인이 되기를 원하십니다. 오늘 여러분의 가정은 누가 통치합니까?

사단이 가정을 다스리면, 가정은 문자 그대로 지옥일 것입니다. 반면에 하나님이 가정을 통치하면 유토피아가 될 것입니다.

가정은 행복과 구원의 출발점입니다. 가정의 존귀함을 깨달았던 여호수아는 말합니다.

"오직 나와 내 집은 여호와를 섬기겠노라."

그가 섬기기로 선택한 하나님은 어떤 분이십니까? 17절 이하를 계속 읽어보면, "이는 우리 하나님 그가 우리와 우리 열조를 인도하여 애굽 땅 종이 되었던 집에서 나오게 하시고, 우리 목전에서 큰 이적들을 행하시고 우리가 행한 모든 길에서 우리를 보호하셨음이며"라고 기록되었습니다.

그 하나님은 구속의 하나님이시고 능력의 하나님이시며 보호하시는 하나님이십니다.

아직까지도 뚜렷한 신앙을 선택하지 않으셨읍니까? 그렇다면, 신을 선택할 때 이런 신을 선택하십시오.

첫째로, 당신을 구원할 수 있는 신을 선택하십시오. 당신이 믿는 신이 당신을 구원하고 자유케 할 수 없다면 아무런 의미가 없기 때문입니다.

둘째로, 능력있는 존재를 당신의 신으로 신뢰하시기 바랍니다. 무력한 것을 신뢰하지 마십시오.

셋째로, 당신의 삶에 관심을 갖고 있는 인격적인 신, 즉 당신의 삶을 간섭하시며 자상한 애정과 관심으로 돌보시는 신을 선택하시기 바랍니다.

성경이 제시하는 야훼 하나님은,

구원의 하나님이십니다.

전능하신 하나님이십니다.

보호하시는 하나님이십니다.

오늘 당신의 종교는 무엇입니까? 뚜렷한 구원관이 있습니까? 당신의 신은 당신을 구원하시기에 족한 신이십니까? 당신은 당신이 믿고 있는 종교를 통해서 구원을 받았다고 고백할 수 있습니까?

중국의 한 철학자는 인간이 가지고 있는 종교를 세 가지의 유형으로 나누었습니다. 그는 세 종교의 특성을 쉽게 풀어서 이야기하였는데, 그것은 매우 탁월한 설명입니다.

물에 빠진 사람을 구출하기 위해서 세 사람이 지나갑니다. 한 사람은, 물에 빠진 사람을 무한한 연민과 동정의 눈으로 바라보면서 지나갑니다. 이런 긍휼과 동정의 종교가 있습니다. 불교가 그런 유형의 종교입니다.

또 한 사람은 그 옆을 지나가면서, "당신이 정로를 탈선하였기 때문에 그물 속에 빠진 것이요"라고, 그가 걸어야 할 윤리적인 정도는 이것이라고 소리쳤습니다. 이런 도덕적 종교가 있습니다. 유교는 그런 유형에 속합니다.

그러나 물 속에 그 사람을 향해서 뛰어 들어간 사람이 있습니다. 자기가 물 속에 빠져 죽어가면서 그 사람을 구출하는 종교가 있습니다. 이것이 그리스도의 사건 곧 기독교의 멧세지인 것입니다. "인자의 온 것은 잃어버린 자를 찾아 구원하려 함이니라"(눅 19 : 10).

무력한 신을 선택하면 당신의 삶도 무력해질 수밖에 없습니다. 당신의 삶을 안심하고 내어 맡기며, 영혼의 문제를 의탁할 수 있는 하나님을 신뢰하시기 바랍니다. 당신이 행한 모든 길에서 당신을 보호하시는 하나님을 소유하셨습니까? 누구를 섬기는가에 따라서 당신의 인생관과 세계관은 대단히 달라질 수가 있습니다.

당신은 누구를 섬기십니까?

성경은 "너희 섬길 자를 오늘날 택하라"고 말씀하십니다. 이 말씀은 20세기를 살아가는 현대인들에게 생동하는 도전으로 다가옵니다.

그러면 어떻게 섬겨야 됩니까?

"여호와를 경외하며 **성실**과 **진정**으로 그를 섬길 것이라"(14절).

여기서 성실이란 말은 "나뉘어지지 않는 마음"이라는 뜻입니다. 진정이란 말은 "변함이 없는 마음"이란 뜻입니다.

당신은 하나님을 이렇게 섬기십니까? 나뉘어지지 않는 일편단심으로 섬기십니까? 그리고 변함이 없는 심정으로 이 하나님을 섬기십니까?

이 멧세지를 선포한 여호수아는 그렇게 하나님을 섬겼읍니다. 그는 젊은 날에 하나님을 선택하였읍니다. 그리고 죽을 때까지 성실과 진정으로 섬겼읍니다. 그리고 죽은 후에도 지금까지 그렇게 섬기고 있읍니다. 다른 모든 섬김은 이 지상에서의 삶이 죽음과 동시에 끝나지만, 영원하신 하나님을 섬길 때 당신의 섬김은 영원히 계속될 수 있읍니다. 천국은 영원히 하나님을 섬기는 나라입니다.

계시록 7장 15절에는, 예수를 믿고, 예수를 위해 살았고, 예수를 위하여 죽은 사람들이 천국에서 어떤 모습으로 살고 있는가를 보여 줍니다.

"그러므로 그들이 하나님의 보좌 앞에 있고 또 그의 성전에서 밤낮 하나님을 섬기매 보좌에 앉으신 이가 그들 위에 장막을 치시리니 저희가 다시 주리지도 아니하며 목마르지도 아니하고 해나 아무 뜨거운 기운에 상하지 아니할찌니 이는 보좌 가운데 계신 어린양이 저희의 목자가 되사 생명수 샘으로 인도하시고 하나님께서 저희 눈에서 모든 눈물을 씻어 주실 것임이러라"(계 7 : 15~ 17).

우리가 하나님을 섬기는 것으로 끝나지 않습니다. 우리가 성실과 진정으로 하나님을 섬기면 하나님은 또 우리를 섬겨 주십니다.

천국은 섬기는 나라입니다. 이 천국의 영광스러운 섬김의 향기를
소유하기 원하십니까?

이 섬김의 삶은, 어느 날 하나님을 섬기기로 결정하고 선택한
그 선택과 함께 영원히 계속됩니다. 이런 삶을 선택한 사람들을
위해서 천국의 종은 울립니다. 그리고 섬김의 향기는 그의 삶을
아름다움으로 수 놓기 시작합니다.

당신은 누구를 섬기십니까?

네 뒤에서 들리는 소리

너희가 우편으로 치우치든가 좌편으로 치우치든지 네 뒤에
서 말소리가 네 귀에 들려 이르기를 이것이 정로니 너희는
이리로 행하라 할 것이며 또 너희가 너희 조각한 우상에
입힌 은과 부어 만든 우상에 올린 금을 더럽게 하여 불결
한 물건을 던짐 같이 던지며 이르기를 나가라 하리라
  - 이사야 30장 21~22절

본 문은 이스라엘 백성들이 앗시리아의 침략에 대응하기 위하여 하나님을 등지고 애굽의 세력과 결탁하였으나 오히려 전쟁에 패배하고 절망에 빠졌을 때 이사야 선지자를 통하여 이스라엘 백성들에게 들려준 주의 목소리를 기록하고 있읍니다.

범죄와 실패의 회한 속에서 자신을 학대하며 자폭해 버리고 싶을 때 위로와 용서의 소식을 가지고 우리를 방문하는 주님의 음성은 커다란 용기를 줍니다.

엘리야가 실망과 좌절 속에서 로뎀나무 아래에서 자살할 것을 생각하다 잠들었을 때 주님은 천사를 보내셔서 숯불에 구운 떡과 물을 준비한 후에 가만히 흔들어 깨워서 먹인 다음에 하나님의 산 호렙으로 인도하였읍니다. 그 때 거기서 엘리야는 다시금 전능하신 하나님의 음성을 들었읍니다. 그 소리는 바람과 지진과 불이 다 지나간 언덕 위에서 들리는 세미한 음성이었읍니다. 그는 정적 속에 들려오는 세미한 음성에서 **돌이키라**고 말씀하시는 사랑의 하나님의 멧세지를 접하였읍니다.

하나님을 떠나 실패와 낙심 가운데 주저 앉았던 이스라엘 백성들에게 들려 주시던 소리를 통해서 오늘 우리에게 들려 주시는 하나님의 소리를 들어야 합니다.

그 소리는 우리 뒤에서 들려오는 조용하고 다정한 목소리입니다. 그 소리의 의미는 이것입니다.

인간이 하나님을 등진 위치에 있음을 보여 줍니다

이 소리는 당신의 등뒤에서 들려옵니다. 하나님은 당신의 뒤에 계시며 당신은 하나님을 등지고 서 있는 것입니다. 그러므로 당신은 그분의 소리를 들을 수는 있지만 그분의 모습을 볼 수 없읍니다. 이것은 안타까운 죄인의 실존입니다. 당신은 영광스런 창조주의 위엄을 바라보지 못하고 있읍니다. 사랑과 인자로 당신을 보시는 구세주의 시선을 볼 수도 없읍니다.

왜, 그렇습니까?

그것은 의도적인 당신의 선택, 소위 자유의 선택이었읍니다. 당신은 이미 누구의 간섭도 없이 당신의 마음대로 살겠다고 선언하였던 것입니다. 당신의 운명의 주인은 당신이라고 큰 소리를 치면서 당신의 인생의 사전에서 하나님을 등졌을 때 당신의 세상에서 가장 좋은 친구를 잃어버린 것입니다. 가장 위대한 가능성을 잃은 것입니다. 가장 사랑스러운 반려자를 잃었읍니다. 동시에 삶의 충족한 의미와 영원한 목표를 함께 잃어버린 것입니다.

도스토예프스키 (Dostoevskii)는 "인간이 하나님을 등질 때 모든 것을 등진다"고 말하였읍니다.

사람들은 하나님만을 등진다고 말합니다.

그러나 인간이 하나님을 등지는 순간 진리를 등집니다. 또한 천국과 생명을 등지며, 사랑과 희망과 양심을 등지는 것입니다. 그리고 자신자신 마저 등지는 것입니다.

인간의 반란은 인간의 저주였읍니다. 그가 선택한 것은 우상이었읍니다. 인간이 참되고 살아계신 하나님을 등지는 순간 자기의 잔꾀와 재주로 만든 우상의 노예가 되고 말았읍니다.

성경은 "인자가 온 것은 잃어버린 자를 찾아 구원하려 하심이라"고 말씀합니다.

예수 그리스도는 지금도 성령님을 통하여 계속해서 찾고 계십니다.

선한 목자처럼 잃어버린 한 마리 양을 찾아 나섭니다.
"너희가 너희 조각한 우상에 입힌 은과 부어만든 우상에 올린 금을 더럽게 하여 불결한 물건을 던짐같이 던지며 이르기를 나가라 하니라"(22절).

여러분의 우상은 무엇입니까?

이 순간에도 세상에 많은 사람들이 하나님을 선택하는 대신 육체의 정욕과 안목의 정욕, 이생의 자랑을 선택합니다. 이스라엘의 선택은 저주였읍니다.

이 시간 당신의 삶의 자리를 점검하여 보십시오. 어디에 서계십니까? 하나님 앞에 서계십니까? 아니면 하나님을 등지고 어둠 속에 서계십니까?

하나님은 인간을 버리지 않고 추적하심을 뜻합니다

죄인은 사랑의 하나님을 등졌지만 하나님은 죄인을 등지지 않았읍니다. 그분은 본질적으로 사랑의 하나님이시기 때문입니다. 그리고 일찌기 사랑의 약속을 하셨기 때문입니다. 이 사랑의 계약을 이루시기 위하여 그분은 우주와 역사 속에 우리를 찾아오셨읍니다. 예수 그리스도라는 구체적인 한 인격을 통하여 잃어버린 인간 바로 당신을 찾아오셨읍니다.

열 개의 은전 가운데 하나를 잃은 여자가 등불을 켜고 집안 구석구석을 쓸며 찾는 것처럼 우리를 찾으십니다.

아버지를 배신하고 집을 떠난 아들을 잊지 못한 아버지가 그 아들을 찾는 것처럼 하나님은 우리를 찾으십니다.

20절에서 "주께서 너희에게 환란의 떡과 고생의 물을 주시나니"라고 하셨읍니다.

하나님은 때때로 우리에게 환란의 떡과 고생의 물을 마시게 하시어, 그 경험을 통하여 하나님을 찾도록 하십니다.

우리가 말을 안 들었더니 하나님은 우리를 병상에 눕게 하시고 하나님을 찾게 하십니다. 우리가 하나님을 망각했더니, 권력의 보좌에서 우리를 떨어뜨려 우리의 입술로 하나님을 부르게 합니다. 우리가 하나님의 음성을 외면하고 거절했더니, 그분은 우리를 인생의 한계선에 몰아 세우시고 거기로 우리를 찾아오십니다.

"주께서 너희에게 환란의 떡과 고생의 물을 주시나 스승은 다시 숨기지 아니하시리니."

하나님은 많은 스승들을 통하여 우리에게 하나님의 멧세지를 깨달으라고 계속 도전하십니다.

이 스승은 자연(自然)일 수 있읍니다. 아름다운 천하, 지는 해, 밤 하늘의 무수하게 반짝이는 별들을 통하여 주께서 우리를 부르고 계십니다.

이 스승은 우리의 양심일 수 있읍니다. 임마누엘 칸트(Immanuel Kant)가 "저 하늘에는 무수한 별이 반짝이고 내 마음 속에는 양심의 도덕율이 빛나고 있다"고 말한 대로 주님은 우리 양심의 깊은 곳을 통해서 우리를 찾아오시기도 합니다.

소크라테스(Socrates)는 "내 양심의 밑바닥에 하나님이 계시다. 그러므로 나는 하나님 앞에서 책임을 지는 삶을 살아야 한다"고 말했읍니다.

이 스승은 우리의 부모일 수도 있읍니다. 믿는 아버지와 어머니의 애절한 간구를 통해서 찾아 오시기도 하십니다.

성 어거스틴이 하나님을 떠나서 인생의 모든 쾌락을 맛보았지만 생의 의미를 깨닫지 못하여 좌절에 빠져 있을 때, 어린 아이들이 철없이 떠드는 소리를 들었읍니다.

"읽어보라./ 읽어보라./"

그는 갑자기 눈 앞에 놓인 성경을 보고 영감을 얻어서 펼쳐 읽었읍니다. 그것은 로마서 13장 13절로서 그는 그 말씀을 읽고 인생의 변화를 얻었읍니다.

때로는 지나가는 한 마디의 말이 우리 양심의 문을 두드리기도 합니다.

우리가 하나님과 너무 멀어져서 하나님을 찾을 수 없다고 절망하는 것은 잘못입니다.

탕자는 먼 나라로 도망갔읍니다. 그러자 아버지는 탕자의 빈 호
주머니를 통해서 돌아오라고 말씀하고 계셨읍니다. 탕자가 먹는
쥐엄열매를 통해서 돌아오라고 부르셨읍니다.

하나님을 피할 수 있다고 오산하지 마십시오. 다윗은 일찌기 이
진리를 발견하여 이렇게 고백하였읍니다.

"여호와여 주께서 감찰하시고 아셨나이다 주께서 나의 앉고 일
어섬을 아시며 멀리서도 나의 생각을 통촉하시오며 나의 길과 눕
는 것을 감찰하시며 나의 모든 행위를 익히 아시오니 여호와여 내
혀의 말을 알지 못하시는 것이 하나도 없으시니이다…내가 주의
신을 떠나 어디로 피하리이까"(시 139 : 1~10).

욥은 "사람은 무관히 여겨도 하나님은 다시 말씀하시되 사람이
침상에서 졸며 깊이 잠들 때에나 꿈에나 밤의 이상 중에 사람의
귀를 여시고 인치듯 교훈하시나니"(욥 33 : 14~16) 라고 말하
였읍니다.

저는 수 년 전에 영등포의 한 교회에서 「새생활 세미나」를 하
였읍니다.

사흘째 되는 저녁에 「도덕적인 자유」에 대하여 강의를 하였읍
니다. 그것은 죄가 얼마나 무서운 것이며, 인간과 인간 사이의 화
목과 하나님과 인간 사이의 화목의 중요성에 대한 것이었읍니다.
그 때 한 자매가 제 설교를 들었는데 자기 집을 가출한 자매였
읍니다. 그녀는 여러 해 동안 자기의 부모를 원망하며 멋대로 인
생을 살았읍니다. 그런데 인간 사이의 화목이 중요하다는 설교를
듣고 마음에 찔림을 받았읍니다. 그 후 그녀는 기도를 하려고 하
여도 기도가 나오지 않았읍니다. 집으로 돌아갈 용기도 없었으며
부모와 화목할 용기도 없었읍니다. 더구나 자기의 죄된 생활을 참
회할 용기도 없어서 번민하다 그 집회가 끝나기 전에 교회 출석
을 중단하였읍니다. 그래도 계속 양심이 괴로와서 다른 교회로 출
석하였읍니다. 그런데 제가 그 교회에 또 나타난 것입니다. 그녀
는 이번에는 제발 도덕적 자유라는 설교만은 하지 않았으면 하고

생각하였읍니다. 그러나 저는 또 그 설교를 하였고 그녀는 더욱 괴로와지기 시작하였읍니다. 그리하여 다시 교회 출석을 중단하고 방황을 하였읍니다.

그렇게 방황하는데 친구가 불광동 수양관에 젊은이들을 위한 수양회가 있다고 인도를 하여 참석을 하였읍니다. 거기에 이동원 목사가 또 등장하였읍니다. 자매는 같은 설교를 듣고 번민하며 집회를 다 참석하기는 했으나 그 후 용기가 없어 문제를 해결하지 못하고 낙심 중에 나날을 보냈읍니다. 1년 후 우연히 친구의 권고로 자매는 유관순 기념관에서 있은 새생활세미나에 참석하게 되었는데 거기서 다시 이 목사의 멧세지를 접했읍니다. 제발『도덕적 자유』라는 설교만은 말아주기를 기대했지만 그녀는 또 한번 그 말씀을 접하고야 말았읍니다. 이제 그녀는 더 이상 하나님을 피할 수 없다는 결론에 도달하였읍니다. 마침내 그녀는 자기 마음을 하나님 앞에 털어 놓았읍니다.

"하나님, 더 이상 피하지 않겠읍니다. 그러나 저는 제 삶을 어쩔 수가 없읍니다. 제 생활을 고칠 능력이 없읍니다. 이제 저의 모든 삶을 송두리째 주님께 맡깁니다. 저를 용서하여 주시고, 새 사람으로 만들어 주십시오."

비로소 하나님께 항복을 선언하고 자기의 인생을 맡겼읍니다. 그리고 그녀는 그리스도의 보배로운 피로 씻음을 받았다는 확신을 받았읍니다. 성령님은 그 자매가 집으로 돌아갈 수 있는 용기를 주었읍니다. 오랜만에 부모를 찾아가서 용서를 빌며 눈물로 호소하였읍니다. 아버지와 어머니는 이 딸을 끌어안고 울기 시작하였읍니다. 그리고 그 뒤로 그 집안 식구가 모두 그리스도를 구주로 영접하는 기적이 일어났읍니다. 기쁨을 이기지 못한 자매가 저에게 전화를 걸어왔을 때, 저도 울고 그 자매도 울었읍니다.

피할 수 없는 하나님!

그분은 우주의 구석구석을 뒤져서라도 우리를 찾아오십니다. 주님은, "거기는 정로(正路)가 아니야! 정로는 여기에 있으니 이 길을 향하여 돌아오라. 그리고 이 길로 행하라"고 말씀하십니다.

하나님께서 회개를 촉구하는 소리입니다

먼저 하나님은 말씀을 들려 줍니다.

내 뒤에서 말 소리가 네 귀에 들려 귀를 막아도 들려옵니다. 하나님이 듣게 하여 주십니다. 성경은 "믿음은 들음에서 나며"라고 하셨읍니다.

"볼찌어다 내가 문 밖에 서서 두드리노니 누구든지 내 음성을 듣고."

주께서 우리 마음을 두드리고 계십니다.

귀를 만드신 자가 귀를 열어 듣게 하여 주십니다. 들려오는 이 말씀에 귀를 막지 마십시오. 막아도 막아도 들려오는 이 하나님의 멧세지 앞에 당신의 응답은 무엇입니까?

이 소리가 들리기를 "이것이 정로니 너희는 이리로 행하라"(사 30 : 21).

이 말씀에는, 네가 지금까지 걸어온 길은 정로가 아니라는 의미가 내포되어 있읍니다.

성경은 어떤 길은 사람이 보기에는 바르나 필경은 사망의 길이라고 말씀합니다. 예수님을 믿는 사람보다 더 많은 사람들이 예수님을 믿지 않기 때문에, 예수님을 믿지 않는 것이 바른 길이라고 오해하면 큰 일입니다. 예수님께서 말씀하시기를 "멸망으로 인도하는 문은 크고 그 길이 넓어 그 길로 들어가는 자가 많다"고 말씀하십니다. 다수가 선택하는 그 길이 실상은 멸망의 길이라고 말씀하십니다.

또한 생명으로 인도하는 문은 좁고 그 길이 협착하여 찾는 이가 적다고 말씀합니다. 그렇습니다. 다수가 선택하는 길이 반드시 정로는 아닙니다.

사람들은 인생에는 많은 갈림길이 있다고 말합니다. 때문에 어떤 사람은 좌편을 혹은 우편을 선택합니다.

어떤 사람은 의도적으로 종교의 길을 선택하기도 하지만 거기에도 종국에는 멸망과 심판이 기다리고 있읍니다. 혹 어떤 이는 유다처럼 계획적으로 주님을 배신합니다. 그에게도 멸망이 기다립니다. 또한 어떤 사람은 베드로처럼 인간성의 연약함으로 범죄하여 주를 버리고 떠나갑니다. 이 사람에게도 멸망이 기다리고 있읍니다.

사람들은 수 많은 길이 있다고 생각합니다. 그러므로 모로 가도 서울만 가면 된다고 생각합니다. 수 많은 종교가 있다고 생각합니다. 그리고 이 종교들은 모두 인간에게 유익한 것으로 생각합니다.

그러나 성경은 단 하나의 종교밖에 없다고 말씀합니다. 구세주는 한 분밖에 없다고 말씀합니다.

"내가 곧 길이요 진리요 생명이니 나(예수 그리스도)로 말미암지 않고는 아버지께로 올 자가 없느니라"(요 14 : 6).

당신이 옳다고 생각하며 살아온 그 길이 실상은 행복의 길이 아닙니다. 그리고 평안의 길도 아닙니다. 생명의 길도 아닙니다. 오히려 그 길은 멸망의 길이며, 저주의 길이며, 지옥의 길입니다.

그 때문에 하나님은 우리를 추적하여 오셔서 말씀하십니다. "그 길은 정로가 아니야, 이 길로 돌아와서 행하라"고 말씀합니다.

이제 하나님을 등지고 인생을 살던 우리에게 변화가 생깁니다. 주님을 발견합니다. 사랑의 주님, 영광의 주님, 은혜의 주님을 발견하게 될 것입니다.

주께서 앞서 가시며 우리 인생의 길을 인도하십니다. 주님은 우리 앞서 걸으시며 보여 주시고, 기도를 들어 주십니다. 우리의 필요를 공급하여 주십니다. 그리고 우리를 푸른 초장 잔잔한 물가로 인도하여 주십니다. 왜 아니 돌아서려 하시는지요?

본문의 서론은, "여호와께서 기다리시나이다"라고 시작되었읍니다. 그렇습니다. 그분은 오래 참으시면서 당신이 돌아서기를 기다리십니다. 기다리고 또 기다리십니다. 이는 우리에게 은혜를 베풀려 하심이며 긍휼히 여기시기 때문입니다.

그러나 이 하나님의 인내가 언제까지 지속되리라고 생각하지 마십시오. 이 하나님의 사랑과 용서와 기다림을 끝까지 외면하고 거절한 자들에게 어느날 하나님의 진노는 임할 것입니다. 그리고 하나님은 말씀하실 것입니다.

"저주를 받은 자여 내게서 떠나 마귀와 그 사자를 위하여 예비된 영영한 불에 들어가라."

화니 크로스비(Fanny J. Crosby)*라는 유명한 찬송가 작사가는 신앙이 좋은 할머니와 어머니 슬하에서 자라며 성경을 배웠읍니다. 그러나 그의 마음 속에는 언제나 하나님을 향한 여러 가지 원망이 있었읍니다. 육체의 질병과 앞을 보지 못하는 어둠 속에서 그녀는 생을 원망하고 사회를 원망하고 부모와 하나님을 원망했읍니다. 설교를 들어도 그것이 그를 변화시키지 못했읍니다. 그런데 그를 사랑한 스승이 있었읍니다. 데오드르 캠프라는 이 스승은 하나님의 말씀을 가지고 이 사랑하는 자매에게 복음을 들려 주었읍니다. 그 때 마침 뉴욕에 전염병이 유행하게 되었읍니다. 어느날 패니 크로스비는 꿈 속에서 자기의 스승인 데오드르가 죽어가는 광경을 봤읍니다. 그 스승은 죽어가면서 이렇게 말을 합니다.

"네가 나를 천국에서 만나 주겠니?"

잠에서 깬 크로스비는 자신이 천국에 갈 확신이 없음을 깨닫고 불안해지기 시작했읍니다.

* 본 나침반社에서 역간한 『화니 크로스비의 생애』(샌디 덴글러 지음 / 오현미 옮김)를 참조하십시오.

어떻게 하면 하늘나라에 갈 수 있을까? 어떻게 인생의 의미를 찾을 수 있을까? 내 삶은 어떻게 하여야 참으로 풍성한 열매를 맺을 수 있을까? 여러 생각 끝에 그녀는 간호원이 되기로 했읍니다.

"내가 선행(善行)을 하다가 죽는 것이 낫겠다."

그래서 그녀는 전염병이 유행하고 있는 뉴욕에서 간호원이 되고자 지원했읍니다. 그러나 그녀의 마음 속에는 여전히 평안이 없읍니다. 죽음 건너편에 있는 영생의 확신과 소망이 없었읍니다. 1850년 11월 20일 어느 교회의 전도 집회에 참석했다가 그녀는 예수 그리스도께서 자기를 부르는 음성을 생생한 감격으로 들었읍니다. 설교가 끝나고 마지막 찬송이 불리어질 때 그녀는 주님 앞에 뚜벅뚜벅 걸어 나왔읍니다.

"웬말인가 날 위하여
주 돌아가셨나
이 몸 밖에 더 없어서
이 몸 바칩니다."

"주님! 내가 스스로 내 인생을 고쳐 보려고 노력했지만 실패했읍니다. 주님께서 맡으시고 주관하시고 변화시켜 주십시오."

자기의 삶을 그리스도께 온전히 드렸을 때 주님은 이 자매의 인생을 송두리째 변화시켰읍니다. 하나님은 그녀의 마음 속에 성령의 능력을 베푸시고 음악을 주셨읍니다. 노래를 주셨읍니다. 그녀는 벅찬 감격 속에 붓을 들어 자기를 부르신 놀라운 은혜를 찬양하기 시작했읍니다.

"자비한 주께서 부르신다
부르신다 부르신다
사랑의 햇빛을 왜 버리고
점점 더 멀리가나
지금 오라 지금 오라

자비한 주께로
지금 곧 나오라.”

　당신도 우상을 버리고 이 사랑의 주님 앞으로 나아오십시오.
제발 당신 뒤에서 말씀하시며 당신을 추적하는 구원의 손길을 거
절하지 마십시오.

왜 찔리시고 왜 상하셨나

우리의 전한 것을 누가 믿었느뇨 여호와의 팔이 뉘게 나타났느뇨 그는 주 앞에서 자라나기를 연한 순 같고 마른 땅에서 나온 줄기 같아서 고운 모양도 없고 풍채도 없은즉 우리의 보기에 흠모할 만한 아름다운 것이 없도다 그는 멸시를 받아서 사람에게 싫어 버린 바 되었으며 간고를 많이 겪었으며 질고를 아는 자라 마치 사람들에게 얼굴을 가리우고 보지 않음을 받는 자 같아서 멸시를 당하였고 우리도 그를 귀히 여기지 아니하였도다 그는 실로 우리의 질고를 지고 우리의 슬픔을 당하였거늘 우리는 생각하기를 그는 징벌을 받아서 하나님에게 맞으며 고난을 당한다 하였노라 그가 찔림은 우리의 허물을 인함이요 그가 상함은 우리의 죄악을 인함이라 그가 징계가 받음으로 우리가 평화를 누리고 그가 채찍을 맞음으로 우리가 나음을 입었노라 우리는 다 양 같아서 그릇 행하여 각기 제 길로 갔거늘 여호와께서 우리 무리의 죄악을 그에게 담당시키셨도다 그가 곤욕을 당하여 괴로울 때에도 그 입을 열지 아니하였음이여 마치 도수장으로 끌려가는 어린 양과 털 깎는 자 앞에 잠잠한 양 같이 그 입을 열지 아니하였도다 그가 곤욕과 심문을 당하고 끌려 갔으니 그 세대 중에 누가 생각하기를 그가 산 자의 땅에서 끊어짐은 마땅히 형벌 받을 내 백성의 허물을 인함이라 하였으리요 그는 강포를 행치 아니하였고 그 입에 궤사가 없었으나 그 무덤이 악인과 함께 되었으며 그 묘실이 부자와 함께 되었도다

– 이사야 53장 1~9절

이사야 53장은 성경에서 메시야에 대한 유명한 예언적 기록 입니다.

1절부터 3절까지는 버림 받은 메시야에 대한 기록입니다.

4절부터 6절까지는 메시야의 수난의 목적을 설명합니다.

그리고 7절 이하에서는 수난 받은 메시야 상을 보여 줍니다.

이것은 예수님이 오시기 수백 년 전에 예언자를 통하여 그리스 도의 수난에 대하여 예언한 것에 본문 말씀의 중요성과 의미가 있읍니다.

그분은 왜 사람들에게 버림을 받았는가 ?

아직도 예수 그리스도는 수 많은 사람들에 의해서 버림을 받고 있 읍니다. 그러면 왜 그분은 수 많은 사람들에게 버림을 받고 있읍 니까 ?

첫째로, 불신앙 때문입니다.

"우리의 전한 것을 누가 믿었느뇨 ?"(1절)

예언자는 믿지 않는 사람들의 안타까움을 이야기합니다.

주님께서는 일찌기 예언자와 사도들을 통해서 예수 그리스도를 증거하셨읍니다. 그러나 사람들은 이 메시야를 불신앙하면서 살 아 왔읍니다.

성경에 나타난 처음과 나중의 모든 기록은 그 핵심이 예수 그 리스도입니다.

성경은 역사에 어느 날 여자의 후손이 등장할 것이라고 예언 하였읍니다(창 3 : 15). 동정녀 마리아를 통해서 탄생한 예수 그 리스도께서 사단의 권세를 파헤치고 구속의 길을 열어 놓을 것이 라고 예언합니다.

구약의 마지막 책인 말라기 4장 2절에 보면, 역사의 지평선 위에 의로운 태양이 솟아날 것이라고 말씀합니다. 그분은 곧 우 리 구주 예수 그리스도이십니다.

창세기와 말라기는 예수 그리스도에 대한 증거로 시작하고 마치고 있습니다. 구약의 증언의 촛점은 그리스도이십니다. 신약은 침례 요한의 예수 그리스도에 대한 증거로 시작됩니다. "보라！세상 죄를 지고 가는 하나님의 어린 양을……"라고 하였습니다.

요한복음 5장 38절에서, 예수님께서는 "그 말씀이 너희 속에 거하지 아니하니 이는 그의 보내신 자를 믿지 아니함이라"고 말씀하셨습니다. 이처럼 말씀이 우리를 지배하지 못하고, 우리 속에 거하지 아니하며, 인도하지 못하는 것은 우리가 그 말씀을 믿지 않기 때문이라고 성경은 말합니다.

"우리의 전한 것을 누가 믿었느뇨 여호와의 팔이 뉘게 나타났느뇨."

하나님의 팔은 도대체 누구에게 나타났습니까? 우리는 믿을 만한 하나님의 존재와 증거의 결핍 때문에 이런 질문을 한다고 생각해서는 안됩니다. 이사야 52장 10절에서는 "여호와께서 열방이 목전에서 그 거룩한 팔을 나타내셨으므로 모든 땅끝까지도 우리 하나님의 구원을 보았도다"라고 말씀합니다. 하나님은 이미 역사하셨습니다.

그런데 사람들에게 하나님의 역사를 관찰할 수 있는 안목이 없습니다. 볼 수 있는 눈이 없으며, 들을 수 있는 귀가 없으며, 믿을 수 있는 마음이 닫혀져 있기 때문입니다. 때문에 사람들은 하나님의 역사하시는 팔을 보지 못합니다.

복음서를 보면 예수님께서는 지상에 계신 동안에 수 많은 일을 행하셨습니다. 그런데 이 초자연적인 능력을 보고도 사람들은 예수님 믿기를 거부하였습니다. "우리의 전한 것을 누가 믿었느뇨"라는 말씀의 바닥에는 예언자의 안타까운 탄식이 있습니다. 이 불신앙은 오늘날도 계속되고 있습니다.

예수 그리스도는 왜 사람들로부터 버림을 받고 있습니까? 사람들의 마음 속에 있는 불신앙 때문입니다.

둘째로, 편견 때문입니다.
"그는 주 앞에서 자라나기를 연한 순 같고 마른 땅에서 나온 줄기 같아서 고운 모양도 없고 풍채도 없은즉 우리의 보기에 흠모할 만한 아름다운 것이 없도다."

예수님의 출생을 생각해 보십시오. 그분의 성장 과정과 전생애를 관찰하여 보십시오. 외관상으로 볼 때, 예수 그리스도는 우리의 마음에 하나도 감동되는 것이 없습니다. 그저 평범할 따름입니다.

역사적 예수님은 이스라엘 백성들의 이상 속의 메시야상과 다르다고 느낀 사실이 히브리 백성들이 메시야를 버린 동기가 되었읍니다. 예수 그리스도의 집안은 몰락한 왕가의 후예였읍니다. 그분의 아버지는 목수에 불과하였고, 대부분의 친척들은 어부에 불과하였읍니다. 그분은 무식하고 가난하여 경멸받는 민중들의 애환이 서린 나사렛 출신이었읍니다. 그리고 연한 순 같이 자랐읍니다.

조용한 침묵 가운데 소년시절을 보냈읍니다. 작가들이 예수 그리스도의 생애를 소개할 때 제일 애먹는 부분이 소년 시절입니다. 그분의 소년 시절에는 특기할 만한 사건이 하나도 없읍니다. 전설에도 없고 설화에도 없고 또한 성경이나 그 밖의 다른 기록에도 없읍니다. 아마도 예수 그리스도의 소년 시절은 지극히 평범하였을 것입니다.

공생애를 시작하기까지 그분의 생애는 완전한 베일 속에 가리워져 있었읍니다.

외모로는 특별한 것이 없었읍니다. 모세는 태어날 때부터 준수하였다고 성경은 기록하고 있읍니다. 다윗은 얼굴 빛이 붉고 눈은 빼어나고 아름답다고 하였읍니다. 그러나 예수 그리스도의 외모는 우리가 생각하고 연상하는 것처럼 아름답지 못하였읍니다.

외관적인 예수 그리스도의 조건은 사람들에게 매력을 주지 못하였읍니다. 우리의 외부적인 조건, 어느 대학을 다녔으며, 문벌

은 어떤가 그리고 배경은 어떠한가 하는 것으로 인간을 평가하려
는 사람들은 영원히 예수 그리스도를 발견하지 못할 것입니다. 그
러므로 아직도 예수 그리스도는 사람들에게 소외당하고 있읍니
다.

**세째로, 군중심리에 영합한 사람들 때문에 예수님은 버림
을 받고 있읍니다.**
"그는 멸시를 받아서 사람에게 싫어버린 바되었으며 간고를 많
이 겪었으며 질고를 아는 자라 마치 사람들에게 얼굴을 가리우고
보지 않음을 받은 자 같아서 멸시를 당하였고 우리도 그를 귀히
여기지 아니하였도다. "
　선지자는 예수 그리스도의 삶을 간고로 많이 겪었다고 하였읍
니다. 슬픔을 많이 겪었다는 말입니다. 질고 즉 병을 아는 자라
고 말씀합니다. 그분은 질병에 시달리는 자의 아픔을 동정하십니
다. 여기서의 병은 특별히 문둥병을 가리키는데 많이 쓰여졌읍니
다. 예수님은 병자들이 가지고 있는 애환과 슬픔과 고통을 아셨
다는 말씀입니다.

　이 예수님의 생애 속에 탁월하고 뛰어난 점을 현대인의 안목으
로는 찾기 어려우므로 대중은 그분에게서 등을 돌렸읍니다.
　요한복음 8장을 보면, 삼십대 청년 예수를 사람들은 오십대의
사람으로 보았읍니다. 그 만큼 슬픔이 얼룩진 얼굴이 우리 예수
님의 얼굴이었읍니다. 성경을 보면 예수님이 웃으셨다는 기록이
한 번도 없읍니다. 그런데 그분이 흘린 뜨거운 눈물의 자국들은
역력히 증거되고 있읍니다. 이 슬픔의 사람 바로 그분이 우리
가 신뢰하는 구세주입니다.
　"마치 사람들에게 얼굴을 가리우고 보지 않음을 받는 자 같아
서 멸시를 당하였고"라고 기록되었는데, 이런 표현은 그 시대에
문둥병자들에게 적합한 표현이었읍니다. 히브리 백성들은 문둥병
자가 나타나면 저마다 얼굴을 가리웠읍니다. 예수 그리스도께서

문둥병자 같은 취급을 받았다는 것입니다. 버려지고 잊혀진 사람 그분이 바로 우리 구세주였습니다.

3절의 마지막 부분은 이렇게 말씀합니다.
"우리도 그를 귀히 여기지 아니 하였다."
군중심리에 영합해버린 사람들은 대부분의 사람들이 그리스도를 거절하니까, 대다수의 사람들이 그리스도를 믿지 않고 살아가니까 그렇게 사는 것이 당연하다고 생각하였습니다. 이런 사람들 때문에 그리스도는 지금도 소외당하고 계십니다.

수난의 목적은 무엇인가?

4절 이하를 보면 두 가지 단어가 크게 부각됩니다.
질고라는 말과 **슬픔**이란 단어입니다. 질고는 육체적인 질병을 뜻합니다. 슬픔은 정신적인 질병을 뜻합니다. 병은 우리에게 질고와 슬픔을 가져왔습니다. 육체적인 질병의 깊은 곳에도 죄 문제가 도사리고 있으며, 정신적인 질병의 배후에도 죄가 있습니다. 죄는 우리의 육체를 헐어버렸고 정신을 파괴하였습니다.
그분은 질고와 슬픔 때문에 찔림과 상처를 받으셨습니다. 다시 말하면 죄가 가져왔던 질고와 슬픔을 나사렛 사람 하나님의 아들 예수 그리스도가 담당하신 것입니다.

5절에는 **허물**과 **죄악**이란 두 단어가 부각됩니다. 허물이란 하지 말아야 될 것을 행한 사람들의 범죄를 뜻합니다. 죄악이란 당연히 해야 할 것을 하지 못한 것을 말합니다. 우리는 하나님이 하라고 명령한 것을 하지 못하였습니다. 그리고 하지 말라고 명령한 것은 이미 해버렸습니다. 그리하여 하나님의 율법을 파괴하였습니다. 그리고 주님 앞에 범법자임을 선언받았습니다.
이제 우리는 율법의 진노와 하나님의 저주와 정죄의 대상이 되었습니다.

이 우리의 허물과 죄악이 예수 그리스도에게 찔림과 상함을 주었읍니다.

계속해서 예언자는 말합니다.
"우리는 다 양 같아서 그릇 행하여 각기 제 길로 갔거늘…"
양의 특성 가운데 다른 동물과 다른 현저한 특성은 감각이 둔한 것입니다. 집 밖에다 개나 말을 갖다 놓으면 그들은 반드시 집을 찾아오지 못합니다. 방향을 알지 못하여 정처없이 미로를 행합니다.
우리의 허물과 죄악은 우리로 하여금 인생의 미로를 헤매게 만들었읍니다. 우리는 어디로부터 와서 어디로 가는지 인생의 방향을 정하지 못하여 헤매고 있었읍니다. 또한 양처럼 쉬 더럽혀지며 한없이 연약하기만 하였읍니다.

성경은 "모든 사람이 죄를 범하였으므로 하나님의 영광에 이르지 못하더라"고 말씀합니다. 또한 "의인은 없나니 하나도 없으며 선을 행하는 자도 하나도 없다"고 진단하였읍니다.

이러한 우리의 죄의 문제를 주님은 어떻게 해결하였읍니까?
"여호와께서는 우리 무리의 죄악을 그에게 담당시키셨도다."
예수 그리스도는 속죄의 양으로 오셨읍니다. 우리의 모든 죄는 그에게 담당되었읍니다. 이 말씀은 무엇을 뜻합니까?
담당이란 말은 그분이 마치 죄를 범한 사람처럼 되어 하나님께 심판을 받았다는 것입니다. 성경은 주님은 죄를 알지도 못한 분이라고 하였읍니다. 그분은 죄에 접근하지도 않았던 분입니다. 그런데 죄를 범한 죄인처럼 되어 상상하기도 어려운 심판을 받으셨읍니다. 그분은 왜 찔림을 받고 상함을 받으셨읍니까? 우리의 허물과 죄악을 인함이었읍니다.

계속하여 성경은 평화와 안식이란 단어를 강조합니다. 그분의 찔림과 상함은 우리에게 **평화**와 **나음**을 주었습니다.

평화 ∕ 이것은 우리가 목마르게 찾아온 것입니다. 우리는 이 평화를 얻지 못하여 끝없이 불안하였습니다. 이 평화를 얻기 위하여 모든 노력을 다 해보았습니다. 그러나 여전히 불안이 우리의 마음을 지배하였습니다. 그런데 우리가 예수님을 믿었더니 주님께서 우리 마음에 평안을 주셨습니다.

이 평안을 값없이 수어진 것으로 생각하지 마십시오.

이 평안은 그분의 찔림과 상함이란 값비싼 댓가를 치르고 얻어진 것입니다.

하나님과 우리는 원수가 되어 등을 돌렸었는데, 예수 그리스도의 찔림과 허물을 통하여 하나님 앞에 나아가 그 하나님을 우리의 아버지라고 부르는 평화의 관계를 맺게 되었습니다.

그리고 나음을 주셨습니다. 이 나음이 필요하였던 사실은 우리가 상처받은 존재임을 전제합니다. 암보다도 더 지독한 질병이 우리에게 있었습니다. 죄라는 질병입니다. 이것은 우리를 추하게 만들었으며 하나님의 정죄 아래 서게 만들었습니다. 하나님의 심판을 피할 수 없는 존재로 만들었습니다.

죄는 우리에게서 온갖 아름다운 것을 빼앗아 갔습니다.

이사야 선지자는, 우리의 온 머리는 병들었고, 마음은 피곤하여졌고, 발바닥에서 머리까지 성한 곳이 없는 것이 우리의 모습이라고 말하였습니다. 이런 우리가 예수님을 믿으면, 주님께서는 우리를 의롭다고 선언하십니다. 그리고 거룩한 하나님의 성도의 반열에 세워 주십니다. 그리하여 우리의 인격에 하나님의 성화가 일어납니다. 주님께서 우리를 치료하시기 시작한 것입니다. 이리하여 우리에게 온전한 나음이 이루어지기 시작하였습니다. 주님의 평안과 치료가 주어졌습니다.

이것은 하나님의 파격적인 은혜입니다.

수난 받는 예수님의 모습

"그가 곤욕을 당하여 괴로울 때에도 그 입을 열지 아니하였음이
여 마치 도수장으로 끌려가는 어린 양과 털 깎는 자 앞에 잠잠한
양같이 그 입을 열지 아니하였도다."

이 말씀은 수난을 당하시면서도 순종하시고 침묵하셨던 예수 그
리스도의 모습을 보여 줍니다.

모든 동물이 도살장으로 끌려 갈 때는 반항을 합니다. 그러나
양만은 말없이 순종합니다. 그런데 이 양도 몸부림치는 순간이 딱
한 번 있읍니다. 털을 깎을 때는 대부분의 양들이 몸부림을 칩니
다. 그러나 예수 그리스도는 그 때에도 순종하셨다는 것입니다.

그분은 자기를 찾아오는 모든 수난 앞에 말없이 침묵으로 감수
하셨읍니다.

마태복음 26장 63절 이하에 보면, 대제사장 가야바가 온갖 어
지러운 인간의 언어로 그를 모욕하고 더럽혔으나 주님께서는 침
묵하셨읍니다. 또한 빌라도의 고문과 심문을 받으면서도 여전히
침묵을 지키셨읍니다. 이 구세주의 침묵의 이유를 아십니까?

이것은 우리를 위한 침묵이었읍니다. 만약 그분이 십자가를 지
시지 않으면, 영 해결될 수 없는 우리의 죄와 영원한 심판을 보
셨던 예수 그리스도는 이 수난을 걸머지기로 작정하셨읍니다. 이
길이 아니면 우리를 구원할 길이 없다는 주님의 거룩한 침묵입니
다.

겟세마네 동산의 밤을 기억하십니까? 그분은 날이 밝으면 당할
십자가의 수난을 바라보면서 기도하셨읍니다.
"아버지여 할 수 있거든 이 잔을 나에게서 옮겨 주십시오."
예수님은 자신이 마셔야 할 인류의 죄악이 들어 있는 잔을 보고 계
셨읍니다. 십자가를 지는 것입니다.

온 인류를 짊어지고 죽는 것을 말합니다.

죄를 가까이 접근도 할 수 없는 거룩하신 그분이 어떻게 죄를

범한 사람처럼 되어 십자가에 매달릴 수 있단 말입니까?
"할 수 있거든 이 잔을 내게서 옮기시옵소서."

그러나 그 순간 주님의 눈 앞에 스치고 지나가는 수 많은 인류
의 얼굴들이 주님을 괴롭혔습니다. 그분이 십자가를 지지 않으면
영원히 멸망받을 당신의 얼굴이 주님의 눈 앞에 스치고 지나갔을
것입니다. 그러므로 "내 뜻대로 마옵시고 아버지의 뜻대로 하옵
소서"라고 말씀하셨습니다.

날이 밝아오기 시작하였습니다. 얼굴에 땀방울이 변하여 핏방
울이 되기까지 기도하시던 주님 앞에, 주께서 예언하신 그대로 배
신자, 사랑하였던 제자가 동산을 오르기 시작하였습니다. 주님의
손등에 키스와 더불어 그것을 신호로 주님이 잡히셨습니다. 개처
럼 질질 끌려가 개처럼 대제사장 안나스 앞에 섰습니다. 그리고
다시 가야바 앞에 서계셨습니다.

'한 사람이 죽어 이 나라가 평안하고 폭동이 잠잠할 수 있다면
얼마나 좋은 일인가'라고 생각하며, 가야바는 자기 앞에 끌려온
예수 그리스도를 목도하고 있었습니다.

아마도 새벽 두 시쯤 지나갈 때, 주님은 다시 산헤드린 법정에
섰습니다. 산헤드린의 통치자들은 거짓 증인들을 내세워 그분을
죽이려는 음모를 추진하고 있었습니다.
"네가 성전을 헐겠다고 말했지?"라고 하며, 종교재판을 진행하
였습니다.

어느덧 새벽 네 시쯤 되었을 때, 빌라도 앞에 끌려왔습니다.
"네가 유대인의 왕이냐?"
그러나 주님은 침묵을 고수하였습니다. 다시 헤롯왕 앞에 끌려왔
습니다. 악독한 헤롯왕은 나사렛 예수라는 제물을 앞에 두고 그
의 호기심을 충족시키기 위하여 모든 방법을 동원하여 예수님을
조롱하였습니다. 병사들을 시켜 홍모를 입혔습니다. 침을 뱉었습
니다. 그리고 예수님의 수염을 뽑았습니다. 서른 아홉 번의 채찍

질을 등에 가하였읍니다.

이사야 선지자는 이 광경을 이렇게 묘사하였읍니다.
"나를 때리는 자들에게 내 등을 맡기며 나의 수염을 뽑는 자들에게 나의 뺨을 맡기며 수욕과 침 뱉음을 피하려고 내 얼굴을 가리우지 아니하였느니라"(사 50 : 6).

예수님은 다시 빌라도 총독 앞에 서고, 빌라도는 그분을 십자가에 내어 주기로 결정합니다. 그리고 당할 일이 두려웠던 나머지 예수님이 무죄한 것을 알면서도 십자가에 처벌할 것을 결정하였읍니다.

병사들에 의해서 주님의 머리에는 가시관이 씌워졌고, 수십 관이 되는 무거운 십자가를 지고 그분은 골고다의 언덕을 오르셨읍니다. 아침 아홉 시 주님은 십자가에 높이 달리셨읍니다. 하늘과 땅 사이 골고다의 언덕에 높이 매달리셨읍니다. 갑자기 하늘이 어두워지면서 사방이 어두워졌읍니다. 세 시간 이상 피를 흘리면서 소리치셨읍니다.
"내가 목마르다."
몹시도 괴로왔던, 생애의 마지막 순간에 주님께서 말씀하셨읍니다.
"다 이루었다!"

이 말씀을 묵상하던 한 그리스도인 시인은 이렇게 말했읍니다.
하늘을 날던 새는 이 사실을
시커먼 먹구름으로 뒤덮힌 하늘을 보며
다 이루었다고 말합니다.
그 구름은 더 높은 구름에게 외칩니다.
다 이루었다.
그 구름들은 다시 하나님의 보좌를 옹위하고 있는
그룹들을 향하여 외칩니다.
다 이루었다.
그리고 천사들은 하나님의 보좌 앞에 엎드려 말합니다.

아버지 하나님이시여 /
주님은 인간의 죄를 구속하시기 위해서
그 십자가에서 붉은 피를 쏟으시므로
다 이루셨읍니다.

이 소리와 함께 주님께서는 캄캄해진 하늘을 향해서 얼굴을 들
어 말씀하십니다.
"내 영혼을 부탁합니다."
무정한 로마병정은 그의 옆구리를 창으로 찔렀읍니다. 마지막
남은 최후의 물과 피가 골고다의 언덕을 적시던 그 순간 주님께
서는 그분의 생애를 마치셨읍니다. 그분이 죽었을 때는 무덤이 없
어서 부자의 무덤을 빌어 안치될 수밖에 없었읍니다.
그분이 고난을 당하신 이유는 무엇입니까 ? 그분의 침묵과 곤
욕과 심문은 누구를 위한 것이었읍니까 ?
왜 찔리고 왜 상하셨읍니까 ?
당신 때문입니다.
당신 때문입니다.

제3부

하나님의 계획

동방에서 온 순례자

헤롯왕 때에 예수께서 유대 베들레헴에서 나시매 동방으로부터 박사들이 예루살렘에 이르러 말하되 유대인의 왕으로 나신 이가 어디 계시뇨 우리가 동방에서 그의 별을 보고 그에게 경배하러 왔노라 하니 헤롯왕과 온 예루살렘이 듣고 소동한지라 왕이 모든 대제사장과 백성의 서기관들을 모아 그리스도가 어디서 나겠느뇨 물으니 가로되 유대 베들레헴이오니 이는 선지자로 이렇게 된 바 "또 유대 땅 베들레헴아 너는 유대 고을 중에 가장 작지 아니하도다 네게서 한 다스리는 자가 나와서 내 백성 이스라엘의 목자가 되리라" 하였음이니이다 이에 헤롯이 가만히 박사들을 불러 별이 나타난 때를 자세히 묻고 베들레헴으로 보내며 이르되 가서 아기에 대하여 자세히 알아보고 찾거든 내게 고하여 나도 가서 그에게 경배하게 하라 박사들이 왕의 말을 듣고 갈새 동방에서 보던 그 별이 문득 앞서 인도하여 가다가 아기 있는 곳 위에 머물러 섰는지라 저희가 별을 보고 가장 크게 기뻐하고 기뻐하더라 집에 들어가 아기와 그 모친 마리아의 함께 있는 것을 보고 엎드려 아기께 경배하고 보배합을 열어 황금과 유황과 몰약을 예물로 드리니라

- 마태복음 2장 1 ~ 11절

예 수 그리스도의 성육신은 우주의 역사 가운데 가장 위대한 사건일 것입니다. 이적 중의 이적입니다. 왕 중의 왕께서 하늘의 보좌를 버리고 지상에 내려오시던 그 밤, 우리의 구주가 탄생하시던 밤에 하늘은 바빠지기 시작하였읍니다. 천사들은 메시야의 탄생을 알리고, 하늘의 별은 움직여갔으며, 양을 치던 목자들은 구유에 누인 아기를 찾아 가서 만나는 장면이 성경에 기록되었읍니다.

본문은 멀리 동방에 있던 박사들이 위험한 산을 넘고 강을 건너서 아기 예수님이 계신 곳을 찾아온 이야기입니다. 그러면 무엇 때문에 동방박사들은 많은 어려움을 겪으면서도 아기 예수님을 찾아 왔을까요? 말할 수 없는 고통을 극복하면서 찾아 오지 않으면 안될 가장 중요한 이유는 무엇입니까?

본문은, 동방박사들의 여행의 목적이 주님께 경배하기 위함임을 말씀합니다 (2절). 그들이 예루살렘까지 찾아 온 가장 큰 목적은 메시야를 경배하기 위해서였읍니다. 이 첫번 순례자의 여정을 지켜보십시오.

그의 별을 보았읍니다

경배하기 앞서 별을 보았음이 선행되었읍니다. 별은 하나님의 계시였읍니다. 메시야의 탄생을 알리는 하나님의 소식이었읍니다. 박사들은 그의 별을 **보고** 예루살렘의 베들레헴에 와서 경배를 드렸던 것입니다. 예배는 하나님의 계시에 대한 인간의 응답입니다. 하나님께서 먼저 자신을 보이시고 은혜를 주셨기 때문에, 창조주를 향한 인간의 경배는 시작되었읍니다. 놀라운 사실은 예수께서 탄생하셨을 때 예루살렘은 깊은 침묵의 정적 속에 있었읍니다. 동방에서 메시야의 탄생을 알았는데 가장 가까운 곳의 예루살렘 시민들은 아기 예수의 탄생에 완전히 침묵하고 있었읍니다.

동방박사들은 하나님의 자녀라고 자부하는 유대인이 아닙니다. 그들은 이방 사람들이었고, 먼 곳에 있었읍니다. 그러나 그들이 예수님을 만나는데 있어서 그 거리는 문제시되지 않았읍니다. 하나님의 주권은 거리를 초월해서 역사하시고, 시간을 초월해서 역사하십니다. 하나님은 동방에서 영혼의 구원을 목마르게 고대하는 박사들에게 메시야의 탄생을 알립니다. 그들은 천문학자들이 었을 것입니다. 농부들에게 씨 뿌리는 비유를 말씀하시던 예수께서는 동방박사들에게는 하늘의 별로 그분의 탄생을 알리셨읍니다.

하나님은 지금도 별을 사용하시고, 태양을 사용하시며 자연과 역사를 사용하셔서 인간에게 말씀하십니다.

그 별은 중대한 목적을 가지고 동방박사들에게 나타났읍니다. 첫째로 메시야를 알리고, 둘째로 메시야께로 그들을 인도하며, 세째로 메시야께 경배하게 하기 위해서 이 별은 나타났읍니다. 하나님은 오늘날도 그분의 사자들을 별처럼 사용하고 계십니다. 그들을 통하여 예수 그리스도의 탄생을 알립니다. 그들로 하여금 예수께로 나오도록 인도하십니다. 그리하여 하나님께 경배할 수 있게 하십니다.

박사들은 "동방에서 그의 별을 보고"라고 고백하였읍니다. 이 별은 메시야의 별입니다. 당신도 오늘 이 별이 될 수 있읍니다. 예수님을 필요로 하는 그 누구에게 복음을 전하여, 그를 예수 그리스도께로 인도할 때, 그분의 별이 되는 것입니다.

그러나 기억하십시오. 이 별은 우리 자신이 아니라 **그의 별**입니다. 우리가 별(Star)이 되려고 하면 예수님이 죽어버립니다. 우리는 다만 그리스도를 나타내고, 그분의 빛을 드러내는 그분의 별이 될 때에 사람들을 주께로 인도할 수 있읍니다. 동방박사들에게 예수님의 탄생을 알렸던 그 별은 잠시 사라졌다가 다시 베들리헴 상공에 나타나서 그들의 발길을 인도하였읍니다. 그리고 마침내 동방박사들이 아기 예수를 발견하고 그분께 경배하였을 때, 그 별은 사라집니다. 별은 주님을 증거합니다. 별은 사람들의 발걸음을 인도합니다. 그리고 사라집니다. 메시야가 보일 때 별의 사명은 끝나기 때문입니다.

하나님의 초자연적인 계시와 방편으로 동방박사들은 별을 보았고, 그들의 고향을 떠나 메시야를 찾아가는 위대한 여행을 하였던 것입니다.

그들은 예루살렘에 도달하였습니다

동방박사들은 그 별을 보고 나서도 그 자리에 계속 머무를 수도 있었습니다. 그러나 그들은 별의 멧세지를 받았습니다. 그리고 그 별이 증거하려고 애쓴 그분을 만나기 위하여 예루살렘까지 찾아 왔습니다.

상징은 보면서 자신의 영혼을 보지 못하는 것은 비극입니다. 십자가는 예수 그리스도를 보여 주고 있읍니다. 그런데 십자가를 달고, 십자가를 사랑하면서 그리스도가 없는 영혼들은 얼마나 비극입니까?

성만찬에 참여하면서 떡을 떼고 포도주를 받으면서도 우리를 위하여 피 흘려 주시고 몸을 버리신 그리스도와 만나지 못한다면 얼마나 불쌍할까요?

침례를 받으려고 물 속에 들어 갔다 나오면서도 우리를 위하여 죽으셨다 다시 살아나신 그리스도를 깨닫지 못하고, 그리스도 안에서 새사람이 되지 못하고 의식에만 참예하는 것은 커다란 비극입니다.

별은 그리스도를 위해 나타난 것입니다. 그리고 이 별이 증언하는 그리스도를 만나서 경배하기 위하여 동방박사들은 고향을 떠나 예루살렘에 도달하였읍니다.

이것을 과소평가하지 마십시오. 그들은 메시야를 만나기 위해서 숱한 어려움을 겪었고 희생을 치렀읍니다. 그들은 여행의 위험과 고독을 경험하였읍니다.

그들에게는 가족을 두고 떠나는 염려가 있었을 것입니다. 그러나 이 모든 것보다 중요한 것은 메시야를 만나는 일이었읍니다. 그들에게는 하나님의 아들 메시야를 만나기 위하여 어떤 어려움이라도 극복할 준비가 되어 있었읍니다.

　당신은 아직도 구원받은 확신이 없으신지요? 그렇다면 예수 그리스도를 만나기 위해서 무엇을 하십니까?

그들은 메시야를 찾았읍니다

"유대인의 왕으로 나신 이가 어디 있느뇨?"

박사들이 예수님을 찾고 있는 장면입니다. 그러나 예루살렘의 사람들은 그 소식을 모르고 있었읍니다. 만왕의 왕이시며 인류의 메시야인 하나님의 아들을 찾아 왔는데, 예루살렘은 정적에 싸여 있읍니다.

　동방박사들은 이런 회의에 빠졌을지도 모릅니다.

"만왕의 왕이 탄생하였는데, 왜 이렇게 침묵 속에 있을까? 아마 그 왕은 별 볼일 없는 왕인가 보구나! 돌아갈까?"

그들은 동방으로 돌아갈 수도 있었읍니다. 그러나 그들에게 있어서 "사람들이 예수님을 어떻게 생각하느냐"는 문제가 아니었읍니다. 하나님이 그들에게 계시하셨기 때문입니다. 하나님이 우리에게 말씀하신다면 우리는 그 말씀에 응답할 책임이 있읍니다.

　많은 사람이 예수님께 관심이 없다고 당신도 주님께 대한 관심을 포기하시겠읍니까? 아닙니다. 창조주 하나님의 위대한 존재와 메시야께서 우리를 위하여 십자가에서 죽으심으로 구원을 얻을 수 있는 영광스런 복음을 주셨다면 이제 우리는 전 존재를 걸고 응답해야 할 책임이 있읍니다.

　동방박사들은 유대인의 왕으로 나신 예수님을 찾았읍니다. 그들은 모르면서 아는 체하고, "어딘가에 가면 우리가 그를 찾을 수 있을 것이다"라고 말하지 않았읍니다. 그들은 물었읍니다. 묻는 자에게 대답은 반드시 있읍니다.

　수 많은 사람들이 구원을 받지 못하고, 거듭나지 못하였으면서도 이 위대한 진리를 구하지 않습니다. 우리는 이 박사들에게서 진정한 구도의 열정을 배워야 합니다. 그들은 대답을 얻어낼 때까지 질문을 포기하지 않았읍니다. 찾고 또 찾아서 유대인의 왕 예수를 찾을 때까지 계속하였읍니다.

그들은 아기를 보았읍니다

드디어 동방박사들은 아기로 출생한 메시야를 보았읍니다.

만일 여러분이 그 자리에 계셨다면 감회가 어떠했을까요?

박사들은 단순한 아기가 아닌 하나님을 보고 있었던 것입니다. 우리를 창조하신 그 하나님, 역사를 주관하시는 그 하나님을 보고 있는 것입니다. 그 영광의 장면에 동방박사들의 가슴은 얼마나 설레었을까요? 그들은 지금까지 별을 보고 있었읍니다. 그러나 아기를 보았을 때 더 이상 별을 볼 필요가 없었읍니다. 별은 의의 태양이신 예수 그리스도를 증거하고 있었던 것입니다. 장엄한 태양이 떠오를 때 별들은 사라져야 합니다. 그리고 모든 별들은 침묵하며 오직 의의 태양이신 예수 그리스도만 높여야 합니다.

수 많은 크리스마스 츄리가 장식되고, 수 많은 카드가 여러분의 가정에도 날아들고 있읍니다. 그러나 그 카드를 장식하고 있는 것들은 무엇입니까? 동방박사들과 찬란하게 반짝이는 수 많은 별들입니다. 거기엔 박사들이 찾아왔던 예수, 별들이 증거했던 예수 그리스도에 대한 관심이 상실되어 가는 현대의 비극이 있읍니다. 저는 차라리 영광스런 우리 구주 예수 그리스도의 말씀을 그 카드에 넣고 싶습니다.

"아기를 보고", 동방박사들은 드디어 메시야를 보았읍니다. 그리스도를 한 번 보면 사람들의 인생이 달라집니다. 그런데 오늘날 수 많은 사람들이 그리스도를 보지 못합니다. 교회는 보면서도, 크리스마스 츄리는 보면서도 하나님의 아들이신 예수 그리스도를 바라보지 못합니다.

위대한 성탄의 멧세지는 **아기를 보라**는 하나님 자신의 초청입니다.

박사들은 이 아기를 보기 위하여 값비싼 희생의 대가를 치렀읍니다. 메시야를 만나면 인생이 변하기 때문입니다.

그들은 아기께 경배하였읍니다

"집에 들어가 아기와 그의 모친 마리아의 함께 있는 것을 보고 엎드려 아기께 경배하고." 박사들은 아기와 모친 마리아를 함께 보았지만 아기에게만 경배하였읍니다. 그것은 경배의 대상은 하나님 한 분밖에 없다는 사실입니다. 요한계시록을 보면, 사도 요한이 역사의 비밀과 수수께끼를 천사를 통하여 받았읍니다. 그리하여 그가 천사한테 경배하려고 하였으나, "나를 경배하지 말고 주 하나님만 경배하라"고 천사가 말했읍니다. 사단이 예수님을 시험할 때, 천하 만국의 영광을 보여 주며, "나에게 절을 하면 이 모든 것을 너에게 주겠다"고 말했읍니다. 그러자 예수께서 응답하시길 "사단아 물러가라 주 너의 하나님께만 경배하라"고 하셨읍니다. 경배의 대상은 하나님 한 분이십니다.

동방박사들이 베들레헴에 찾아와 아기께 경배한 것은 이 아기가 바로 하나님이란 사실을 교훈하고 있읍니다. 아기를 만난 것은 하나님을 만난 것입니다.

그들은 예물을 드렸읍니다

그들은 황금과 몰약과 유황을 예물로 드렸읍니다. 많은 설교가와 학자들이 이 예물들이 무엇의 상징인가 열심히 연구합니다. 그러나 이것들에게 영적인 의미를 덧붙일 필요가 없읍니다. 황금은 금속 중에서 가장 귀한 것이며, 유향과 몰약은 그 당시 이스라엘 사람들이 구할 수 있는 향료 가운데 가장 귀한 것으로 여겨졌읍니다. 이것은 그들이 가장 존귀하게 여기는 것을 하나님께 바쳤음을 말해 줍니다. 그들은 여행 도중에 생계에 위험이 있었을지

모릅니다. 그래서 그 예물을 팔기만 하면 그들의 여행비를 넉넉
하고 적절히 공급할 수 있었을 것입니다. 그러나 이 소중한 예물
을 절대 자신들을 위하여 사용하지 않았읍니다. 그들은 가장 귀
한 예물을 하나님께만 드려지기 원했읍니다.

 크리스마스 멧세지는 우리를 위하여 피를 흘려 주시고 영생을
주시며 삶에 의미를 주시는 하나님께 여러분의 헌신의 응납을 요
청하고 있는 것입니다.
 여러분은 예수 안에서 얻은 영원한 생명에 감사하십니까? 그
렇다면 무엇을 주님께 드리기 원하십니까? 여러분의 가장 귀한
것을 드리십시오. 황금이 없으면 여러분의 몸을 드리십시오. 유
향이 없으면 사랑을 드리십시오. 그리고 그분 앞에 꿇어 엎드려,
"나를 위하여 죽으신 나의 생명의 구세주여! 나를 위하여 다시
부활하신 영광스런 메시야여, 제가 드리기를 원합니다. 나의 인생
을 당신께 바치기 원합니다. 나를 받으시고 하나님의 영광을 나
타내 주소서! "라고 말하십시오. 별은 사라졌읍니다. 그러나 별
이 증언한 예수님은 아직도 우리 가슴에 남아 있읍니다. 수 많은
설교가와 선지자들이 예수 그리스도를 증거하였읍니다. 그리고 그
들은 다 사라져 갔읍니다. 그러나 그들이 증언한 예수님은 아직
도 우리와 함께 하고 있읍니다.
 이제 우리가 여행을 떠나야 합니다. 메시야를 만나기 위해서, 그
리고 이미 메시야를 만난 사람은 경배하기 위해서 나아가 우리도
그분의 별이 되어 그분을 증거하고 나타내기 위해서 발길을 옮겨
야 합니다.
당신은 메시야를 만나셨읍니까?

음부의 권세를 이기는교회

또 내가 네게 이르노니 너는 베드로라 내가 이 반석 위에
내 교회를 세우리니 음부의 권세가 이기지 못하리라
－마태복음 16장 18절

본 문 말씀을 통하여 교회의 참된 의미와 궁극적인 의미가 무엇인가를 생각하겠습니다.

교회는 불완전한 인간들이 모여서 형성하는 하나의 공동체입니다. 그럼에도 불구하고 이 불완전한 교회를 향한 주님의 소원과 기대는 깊습니다.

스펄전 목사님께 한 성도가 찾아와서 이런 부탁을 하였습니다. "목사님, 제게 좀 완전한 교회를 소개해 주십시오."

그러자 스펄전 목사님은 "그런 교회가 있으면 저에게 소개하여 주십시오. 저도 그런 교회의 멤버가 되기를 원합니다"라고 말하면서 다음에 이 사람에게 잊을 수 없는 말을 해 주었습니다. "그러나 당신이 그런 교회를 발견하거든 당신은 제발 그 교회의 회원이 되지 마십시오. 왜냐하면 당신이 그 교회의 회원이 되면 당신 때문에 그 교회의 완전함이 깨어질지도 모르니까요."

이 에피소우드는 불완전한 인간들이 모여서 형성하는 하나의 공동체인 교회의 성격을 보여 줍니다. 그러나 그럼에도 불구하고, 성경은 교회가 주님의 것이라고 말씀합니다.

본문은 주님께서 친히 세우시는 이 교회의 영광스런 아름다움을 말씀하여 줍니다.

여기에는 중요한 다섯 가지 질문에 대한 대답이 있습니다.

첫째, 교회란 무엇인가?
둘째, 교회의 기초란 무엇인가?
세째, 교회의 참된 주인은 누구이신가?
네째, 교회는 누가 만들어 가시는가?
다섯째, 교회는 궁극적으로 승리할 수 있는가?

어 물음에 대한 분명한 대답이 성경에 있습니다. 이제 이 물음에 대한 대답을 드리기 전에 모든 그리스도인들이 붙들어야 할 두 가지 가장 중요한 진리를 성경을 통하여 강조하고자 합니다. 그 하나는 **구원의 진리**이며 또 다른 하나는 **교회의 진리**입니다. 이 두 개의 진리는 마치 비행기의 두 날개와 같습니다. 둘 중에 어느 한 날개가 없어도 비행기는 날지 못합니다.

정상적인 신앙생활이란 이 두개의 진리의 올바른 각성이나 이해와 함께 출발합니다.

나는 구원을 받았는가 ?
복음서에는 "인자가 온 것은 잃어버린 자를 찾아 구원하려 하심이라"고 말씀하셨습니다. 그분은 영혼을 구원하시기 위하여 오셨습니다. 그런데 만일 우리가 구원을 받았다는 사실을 확인하지 못한다면 우리는 그리스도와는 아무 상관이 없습니다. 그러므로 신앙의 문을 노크하는 모든 사람들마다 이 문제를 먼저 정확하게 해결해야만 합니다.

그리고 구원받은 사람들에게 주어지는 두번째 과제는 교회의 진리에 대한 각성입니다.

교회란 무엇인가 ?
한 마디로 교회는 "구원 받은 사람들의 공동체"입니다. 주님은 잃어버린 영혼을 구원하러 오셨다는 말씀과 함께, 본문을 통하여 "내가 나의 교회를 세우리라"고 말씀하십니다. 그분은 우리를 구원하신 후에 교회의 한 지체가 되도록 하십니다. 교회의 지체가 된 우리는 개인으로서가 아니라 교회란 공동체를 통해서 선교와 구제의 사역을 펼치며 하나님의 구원과 사랑을 온 세상에 증거할 사명을 부여받습니다.

분명한 것은 교회는 예배당이 아닙니다. 교회는 건물을 의미하지 않습니다. 그리고 신약 성경에서 교회를 말할 때 단 한번도 교파를 말한 적이 없습니다. 언제나 교회는 구원받은 사람들의 무리를 가리킵니다. 문자대로 말하면 "불러냄을 받은 사람들"입니다. 이 세상에서 그리스도 없이 살다가 어느 날 예수 그리스도에 대한 복음을 듣고 그분을 구주와 주님으로 영접하

여 그분에게 속한 그리스도인을 말합니다. 바로 이 사람들이
교회를 형성하는 것입니다.

저는 앞으로 우리 교회가 이미 목표한대로 시설을 확충해서
더 많은 교육시설을 통해서 우리의 사랑하는 새로운 세대들이
말씀을 잘 받아들여 주님께 영광을 돌리는 아름다운 신앙의 성
장이 있기를 간절히 기대합니다. 그러나 그럼에도 불구하고 건
물은 결코 교회 그 자체가 아니라는 사실을 기억하십시오.

저는 하나님께서 저를 침례교인으로 삼아 주신 것을 그리스
도인이 된 사실 다음으로 감사드립니다. 세계의 모든 유형의 교
파 가운데서 가장 복음적이며 성서적인 침례교인이 된 것을 자
랑스럽게 생각합니다. 그러나 침례교회가 교회라는 말의 본질적
인 의미는 아닙니다.

우리는 건물을 숭배하다 사람을 상실하는 오류를 범해서는 안
됩니다. 혹은 교파적인 우월감 때문에 영혼을 상처내는 일도 없
어야 합니다. 참 교회는 여러분들 한 사람 한 사람입니다.

구체적으로 예수 그리스도를 구주와 주님으로 영접하고 그리
스도께 속하여 구원받은 개인 개인이 교회를 형성하고 있는 것
입니다. 당신은 교회의 지체로서 아름답고 영광스런 한 교회의
가족이 된 것입니다. 따라서 우리가 가장 소중하게 생각하여야
할 것은 바로 우리 자신입니다.

교회의 기초

예수께서는 본문을 통해서 "이 반석 위에 내 교회를 세우리라"고
사도 베드로에게 말씀하셨습니다. 교회가 세워지는 이 반석은 무
엇입니까?

이 성경 구절에 대하여, 기독교회사를 보면 세 가지 전통적인
해석을 하여 왔습니다.

반석을 **베드로**란 인물 그 자체로 생각하는 것입니다. 그러므로 베드로는 초대교황이고 이 교황을 통하여 교회가 세워졌다는 것입니다. 로마 카톨릭의 전통적인 해석입니다. 그러나 본문을 계속 읽어보면, 십자가를 향해서 만류하는 베드로에게 예수님께서 말씀하시기를 "사단아 내 뒤로 물러가라"(23절)고 하셨읍니다. 그가 하나님의 뜻을 거절하였을 때 예수님은 주저없이 그를 사단이라고 부르셨읍니다. 만일 사단의 영향을 받는 자리에 전락할 수 있는 인간 위에 예수 그리스도의 교회가 세워진다면 교회는 얼마나 힘 없는 것일까요? 그러므로 결코 이 반석은 베드로일 수가 없읍니다.

때문에 복음적인 많은 그리스도인들은 여기서 말하는 반석을 **베드로의 신앙고백**이라고 생각합니다. "사람들은 인자를 누구라고 하느냐 그리고 너희들은 나를 누구라 하느냐?"라고 예수님께서 물으셨을 때, 수제자 베드로가 말하기를 "주는 곧 그리스도이시요 살아계신 하나님의 아들이시니이다"라고 고백하였읍니다. 바로 이 고백 위에 교회가 세워진다는 것입니다.

물론 이 해석은 타당합니다. 그러나 신앙고백 그 자체가 중요한 것이 아닙니다. 중요한 것은 바로 이 신앙고백의 핵을 이루는 예수 그리스도의 인격 그 자체입니다. 다시 말하면 예수 그리스도 위에 주의 교회는 세워지며, 이 반석은 그리스도 외에 그 누구일 수가 없읍니다.

원문에 보면, "너는 베드로라"는 말이 페트로스(Petros)라고 되어 있는데 그 뜻은 『작은 돌』입니다. 그리고 "이 반석 위에"라고 할 때 반석인 페트라(Petra)라는 말은 『큰 돌』이라는 뜻입니다. 이 말은 "베드로여 너는 작은 돌이라 그런데 내가 이 큰 돌 위에 내 교회를 세우리라"고 해석할 수도 있읍니다. 이 큰 돌은 예수님이십니다.

바울은 고린도전서 10장 4절에서 "그 반석은 곧 그리스도"라고

말하였읍니다. 그리고 3장 11절에서는 "이 닦아 둔 것 외에 능히
다른 터를 닦아줄 자가 없으니 이 터는 곧 예수 그리스도"라고 선포
하였읍니다. 만약 이 반석의 뜻에 대해 예수님을 빼놓고 해석할
수 있는 가장 인간적인 해석자를 찾는다면 그는 아마 베드로일 것
입니다.

그런데 베드로전서 2장 4절에 "우리의 보배로운 산 돌이신 예수
앞에 나와"라고 베드로는 고백하였읍니다.

그렇습니다. 이 반석은 바로 **예수님**이시며 예수님 위에 영광스
런 교회가 세워지는 것입니다.

십자가를 앞에 두신 예수님은 3년 동안 훈련시킨 제자들에게 가
장 중요한 질문을 던졌읍니다.
"사람들이 나를 누구라 하느냐?"

왜 이 질문이 중요합니까? 기독교는 그리스도와 사활(死活)을
같이 합니다. 그리스도 없이 기독교는 있을 수가 없읍니다. 예수
그리스도에 대한 이해 여하가 기독교신앙의 정확성을 시험할 수
있는 시금석이 됩니다.
"어떤 사람들은 밥티스마* 요한이라고 말합니다. 어떤 이는 엘
리야라고 말합니다. 어떤 이는 예레미야라고 말합니다."
많은 사람들의 많은 이야기가 있은 후에 그리스도는 질문의 범위를
더 좁혔읍니다.
"사람들은 나를 위대한 휴매니테리안(humanitarian) 이라고 말한다
고 하자. 사람들은 나를 4대 성인의 한 사람이라고 말한다고 하자
그런데 3년 동안 가르침을 받은 너희들은 나를 누구라고 하느냐?"
그러자 베드로가 "주는 그리스도시요 살아계신 하나님의 아들이
십니다"라고 대답하였읍니다.

예수님은 매우 이 고백을 기뻐하셨읍니다. 바로 이 고백의 주인
이신 하나님의 아들이요 구세주이신 예수 그리스도 위에 당신의 영

---

*밥티스마 (baptisma)란 교회에 따라 「세례」 혹은 「침례」라 한다.

광스럽고 영원한 교회가 세워진다는 사실을 믿으십니까?

교회의 기초는 **예수 그리스도**입니다.

교회의 참된 주인

예수님은 "내 교회를 세운다"고 하셨습니다(18절).

한 신학자는 이 말씀에서 소유격에 특별한 관심을 보였습니다. 그는 지적하기를 "예수님께는 가장 중요한 두 가지 소유가 있었다. 첫째는 내 아버지라고 고백한 하늘에 계신 아버지이고 둘째는 그분의 아버지가 사랑하셨던 그분의 자녀들이었다"고 했습니다. 옳습니다. 교회는 예수 그리스도의 가장 커다란 애정의 대상이었습니다.

교회의 주인은 주님 자신입니다. 주님은 나의 교회라고 주장하셨습니다.

교회의 주인은 목사가 아닙니다. 그러기에 목사를 바라 보아서는 안됩니다. 한국교회의 목사님들의 농담 가운데 이런 이야기가 전해 왔습니다. 어느 날 목사님 한 분이 천국에 도착하였습니다. 그 때 예수님께서 이 목사님을 열렬히 환영하였습니다. 그 광경을 바라보던 주변의 평신도들이 예수님께 항의를 시작하였습니다. "주님 이 세상에서도 목사님들이 제일 대접을 많이 받았는데 천당에서까지도 예수님은 사람을 차별하십니까?" 예수님 말씀하시기를 "아니야, 너희들이 오해하였다. 목사가 하도 오지 않다가 아주 오랜 만에 한 사람 왔기 때문에 내가 이렇게 환영하는 것이다"라고 하셨답니다.

교회의 영광스런 주인은 예수님입니다. 우리는 교회의 머리이신 그분께 영원하고 신선한 시선을 집중시켜야 합니다.

또한 교회의 주인은 그 교회의 창설 맴버여서도 안됩니다. 홀륭한 교회는 그 주인의 자리를 예수 그리스도께 양보할 줄 아는 교회입니다.

그런데 교회를 왜곡하는 두 가지 중대한 위험은 인간적인 텃새와 교파적인 노예관념입니다.

인간적인 텃새는, "나는 이 교회에서 예수 그리스도를 오래 섬겨 왔는데, 헌금은 얼마를 하는데"하며 주인되신 그리스도를 그 자리에서 떨어뜨리고 대신 사람이 그 자리에 앉는 오류를 연출하는 것입니다.

그리고 교파적인 노예관념입니다. 주님께서 내가 이 반석 위에 천주교회를 세우리라고 하지 않는 것을 주목하십시오. 또한 장로교회를 세우리라고 말씀하지 않았습니다. 그렇다고 감리교회 혹은 침례교회를 세우리라고 하지도 않았습니다. 단순히 주님께서는 "내 교회를 세우리라"고 말씀하셨습니다.

웨슬리 선생의 유명한 일화가 있습니다. 웨슬리 선생이 주님께 기도하며 교통하다 깊이 잠이 들었습니다. 그는 천국에 들어섰습니다. 그런데 그가 천국에 들어서기 전에 천국문을 지키던 수위 천사에게 이렇게 물었습니다.

"나와 더불어 영광스런 복음 운동인 메소디스트 운동을 하던 친구들이 얼마나 천국 안에 들어와 있오?"

천사는 "잠깐 기다리라"고 한 후 명부를 한참 뒤져보더니 "미안하지만 감리교인은 한 사람도 없습니다"라고 대답했습니다.

깜짝 놀란 웨슬리는 "아무래도 내 신앙이 잘못된 모양이지? 영광스런 칼빈의 5대 교리를 강조하던 장로 교인들이 다 온 모양이다!"하고 "그러면 도대체 장로교인들이 몇 명이나 왔오?"하고 물었습니다. 천사는 또 한참을 뒤져보더니 "미안하지만 장로교인은 한 사람도 오지 않았습니다"라고 대답하였습니다.

"아무래도 우리의 종교개혁은 대단한 실수를 했나보다! 그러면 천주교인들이 다 온 모양인데 그들은 얼마나 들어와 있습니까?" 이번에도 천사의 대답은 꼭 같았습니다. 웨슬리는 큰 소리로 되묻기를 "그러면 누가 천국에 들어 왔단 말이오"라고 물었습니다. 천사는 빙그레 미소를 지으며 이렇게 대답하였습니다.

"예수 그리스도를 참으로 개인의 구주와 주님으로 영접한 사람들, 성령으로 거듭난 그리스도인들만이 여기 와 있읍니다."

교회는 그리스도인들의 것입니다. 그리고 교회의 머리이신 그리스도를 통해서만 진정한 교회는 이루어질 수 있읍니다.

교회는 누가 만들어 가는가?

주님은 "내가 내 교회를 세우리라 즉 내가 계속하여 내 교회를 만들어 갈 것이다"라고 선포하셨읍니다. 주님은 교회의 창설자요 기초가 되실 뿐만 아니라 교회를 만들어 가십니다. 계시록 2장과 3장을 보면 주님은 소아시아의 일곱 교회에서 사도요한을 통해서 편지를 보냈읍니다.

"에베소 교회의 사자에게 편지하기를…일곱 별을 붙잡고 일곱 금 촛대 사이를 다니시는 분이 가라사대"(2 : 1).

"서머나 교회의 사자에게 편지하기를 처음이요 나중이요 죽었다가 다시 살아나신 이가 가라사대"(2 : 8).

"버가모 교회의 사자에게 편지하기를 좌우에 날선 검을 가진 이가 가라사대"(2 : 12).

"두아디라 교회의 사자에게 편지하기를 그 눈이 불꽃 같고 그 발이 빛난 주석과 같은 하나님의 아들이 가라사대"(2 : 18).

"사데교회의 사자에게 편지하기를 하나님의 일곱 명과 일곱 별을 가진 이가 가라사대"(3 : 1).

"빌라델비아 교회의 사자에게 편지하기를 거룩하고 진실하사 다윗의 열쇠를 가지신 이 곧 열면 닫을 사람이 없고 닫으면 열 사람이 없는 그 이가 가라사대"(3 : 7).

"라오디게아 교회의 사자에게 편지하기를 아멘이시오 충성되고 참된 증인이시요 하나님의 창조의 근본이신 이가 가라사대"(3 : 14).

이분은 누구십니까? 예수님이십니다. 교회를 향해 명하시고 충

고하시고 감독하시는 분은 바로 예수님이십니다. 그분이 교회를 세우십니다.

그러므로 우리는 유명한 성가의 작사자인 존 뉴톤(John New-ton)과 함께 이렇게 고백할 수 있읍니다.

시온성과 같은 교회 그의 영광 한없다.
허락하신 말씀 위에 주가 친히 세웠다.
반석 위에 세운 교회 흔들 자가 누구랴.
모든 원수 에워싸도 아무 근심 없도다.

그렇습니다. 나라도 변합니다. 사상도 사라집니다. 사랑도 갑니다. 제왕도 영웅도 지나갑니다. 제도도 변혁됩니다. 종교도 변할 수가 있고 철학도 변질됩니다. 그런데 언제나 오늘이나 변함없는 예수 그리스도의 교회를 어떻게 설명할 수 있읍니까? 주님이 교회를 세우시고 주님이 그 교회를 이루어 나가기 때문입니다.

교회는 궁극적으로 승리할 것인가?

주님께서 말씀하시기를 "이 반석 위에 교회를 세우리니 음부의 권세가 이기지 못하리라"고 하셨읍니다.

「권세」라는 말은 "대문"이란 말로 번역될 수 있읍니다.
"음부의 대문이 이기지 못하리라."
지옥의 대문이 결코 교회를 흔들어 댈 수 없읍니다. 이 말씀은 세가지 관점으로 이해되어 집니다.

지옥이 교회나 교회에 속한 성도들을 결코 삼킬 수 없다는 말입니다. 예수님께서 "내가 저희에게 영생을 주노니 영원히 멸망하지 않을 터이요 저희를 주신 아버지는 만유보다 크시매 아무도 아버지의 손에서 저희를 빼앗아 갈 자가 없다"고 선포하셨기 때문입니다. 누가 우리를 그리스도의 사랑에서 끊을 수가 있단 말입니까?

지옥은 교회를 삼킬 수가 없읍니다.

중국에 공산주의가 실현되었을 때 교회는 영원히 사라졌다고 사람들은 생각하였읍니다. 그런데 얼마 전 중국이 바늘 구멍 만큼 종교의 자유를 허락하면서 중국의 만주나, 다른 여러 지역에 교회를 열자마자 한 주일에 삼천 명 혹은 수백 명이 일시에 모였읍니다. 그 사실은 무엇을 말해 줍니까? 예수 그리스도의 영광스런 교회는 지옥이 흔들 수 없는 능력을 가지고 아직도 건재하고 있다는 사실입니다.

지옥의 군대들은 결코 하나님의 교회를 공격할 수 없읍니다. 최후의 승리자는 예수 그리스도 한 분뿐입니다. 그리고 그리스도가 지배하는 교회는 이 승리의 거룩한 주역이 될 것입니다.

그러므로 이 교회의 지체가 된 우리도 그리스도 예수 안에서 함께 이 승리의 기쁨을 누릴 것입니다. 이 사실을 인하여 하나님을 찬양하십시다.

한 교회의 성장과정에 진통이 있을 수 있읍니다. 이 진통을 출산의 아픔으로 이해하십시오. 부성애보다 모성애를 더 평가하는 이유는 무엇입니까? 아버지가 자식을 낳지 않았기 때문입니다. 부성애도 귀하지만 모성애를 능가하지 못하는 것은 어머니는 자식을 낳기 위하여 피를 흘렸기 때문입니다. 희생이 있었읍니다. 그런데 그 고통은 자식에게서 어머니를 멀리하게 한 것이 아니라 그 고통 때문에 어머니는 자식을 더 사랑할 수가 있읍니다.

산을 등반하는 산 사나이들이 산에 친구의 시체를 묻으면서도 등정의 발을 끊지 않는 그 이유는 산에다 고통을 지불하였기 때문입니다. 소중한 친구들의 목숨을 파묻었기 때문입니다. 그들이 산에서 당했던 고통은 그들의 발걸음을 산에서 멀리하게 한 것이 아니라 산을 향한 더 뜨거운 사랑을 낳게 하였읍니다.

똑같은 이유로 주님께서는 십자가의 고통으로 말미암아 교회를

사랑하시고 우리는 우리의 고통 때문에 더욱 교회를 사랑한다는
사실을 고백할 수가 있읍니다.

　이제 우리의 고통을 영광스런 승리의 기쁨으로 바꾸며 위대한
교회의 내일을 위해서 새로운 비죤을 주님께 물어가며 그리스도
예수 안에서 더 한층 뜨거운 심정으로 예수 그리스도를 향해 전진
하지 않으시겠읍니까 ?

　주님께시 우리들의 마음 속에 보나 영광스러운 새로운 교회에
대한 가슴 뜨거운 비죤을 충만히 부어 주시기를 기도드립니다.
구원받은 성도마다 지역교회의 성실한 지체가 되어야 합니다. 이
지역 교회를 통해서 우리는 우주적 교회의 비죤을 이루어가야 합
니다. 교회에 대한 애정이 없는 그리스도에 대한 애정은 일종의
감상입니다. 구체적 교회생활을 통해서만 당신은 진정한 의미에
서의 승리자가 될 수 있읍니다.

만일 당신이 아직도 지역교회에 등록하지 않으신 분이라면 오늘
지체하지 마시고 참여하십시오. 그리고 성실과 진정으로 교회를
섬기십시오. 초대교회 교부들은 "교회를 어머니로 섬기지 못하는
사람은 하나님을 아버지로 부를 자격이 없다"고 고백했읍니다.

당신의 참여는 당신의 승리의 시작이 될 것입니다.

두 개의 십자가

달린 행악자 중 하나는 비방하여 가로되 네가 그리스도가 아니냐 너와 우리를 구원하라 하되 하나는 그 사람을 꾸짖 어 가로되 네가 동일한 정죄를 받고서도 하나님을 두려워 아니하느냐 우리는 우리의 행한 일에 상당한 보응을 받는 것이니 이에 당연하거니와 이 사람의 행한 것은 옳지 않은 것이 없느니라 하고 가로되 예수여 당신의 나라에 임하실 때에 나를 생각하소서 하니 예수께서 이르시되 내가 진실 로 네게 이르노니 오늘 네가 나와 함께 낙원에 있으리라 하시니라
 - 누가복음 23장 39~43절

「**해**골」이라고 불리워지는 곳, 갈보리 산 언덕에는 세 개의 십자가가 세워졌읍니다. 그 중앙에 예수 그리스도의 십자가, 좌우에는 두 개의 십자가, 즉 강도들의 십자가가 나란히 세워졌읍니다.

이 두 사람에 관하여 말씀을 묵상해 보려고 합니다.

마태와 마가는 이를 행악자(악을 행히는 사람)라 부르고 있읍니다.

교회의 전설에 의하면, 이 두 사람은 다이스마스와 가이스마스라고 전해 내려 오고 있읍니다. 본문 41절에서 "우리는 우리의 행한 일에 상당한 보응을 받는 것이니"라는 이들의 부르짖음으로 미루어, 피차에 이 두 사람은 자기들의 범죄 사실을 익히 아는 듯한 느낌을 강하게 전달해 주고 있읍니다.

그래서 어떤 사람들은 두 개의 십자가에 달린 두 사람의 강도들이 어쩌면 공동 범죄자이었을 것이라고 생각하기도 합니다. 심리학자들이나 범죄 수사관들에 의하면, 흉악범들의 얼굴은 공통점이 있다고 합니다. 그래서 범죄자들의 사진을 모아 놓고 몽타즈를 만드는 일을 합니다. 이 두 사람은 흉악한 얼굴로 가진 범죄형의 사람들이었는지 모릅니다.

교회사에 의하면, 이 두 사람은 가까운 친척이라고 전하는 기사도 있읍니다.

이미 소개한 것처럼 한 사람은 다이스마스, 또한 사람은 가이스마스로서, 아마도 이 두 사람은 성질이 포악하였으며 함께 강도질하다가 체포되었을 것입니다. 그들은 함께 법정에서 재판을 받았고 또 함께 사형 선고를 받았읍니다. 이 두 사람은 함께 십자가를 지고 골고다 언덕에 올라왔읍니다. 그래서 함께 예수님의 십자가의 좌우편에 달렸읍니다.

마태복음 27장 44절에 의하면, "함께 십자가에 못 박힌 강도들도 이와 같이 욕하였더라"라고 기록되어 있읍니다.

마가복음 15장 32절에도 "함께 십자가에 못 박힌 자들도 예수를 욕하더라"라고 기록되어 있읍니다.

그들이 처음 십자가에 달렸을 때 함께 자기네와 같지 않은 주님을 향하여 욕하고 비방했읍니다.

이 두 사람은 가까운 거리에서 너무도 비슷한 인생을 살아왔읍니다. 그런데 갑자기 한 순간 동이 서에서 먼 것같이 이 두 사람을 멀게 하는 사건이 골고다 언덕 십자가 위에서 일어났읍니다. 이 둘 중에 한 강도, 아마도 우편에 있던 행악자가 마음을 달리하기 시작했읍니다.

이 변화는 마침내 이 사람을 낙원까지 데리고 갔읍니다. 이제는 낙원과 음부, 천국과 지옥의 만날 수 없는 먼 거리가 이 두 사람 사이에 생겼읍니다.

저는 성경에 나오는 이 두 사람을 묵상할 때마다 이 두 사람의 관계를 이렇게 묘사하고 싶습니다.

"가까우면서도 멀고 먼 이 두 사람."

둘 중의 한 강도의 사건은 회개와 구원의 가장 아름다운 사실을 전하고 있읍니다. 죄인인 강도의 마음에서 일어난 이 회개의 변화가 삶의 양상이 비슷했던 이 두 사람을 영원히 만날 수 없는 거리와 간격으로 갈라 놓았읍니다. 회개하고 구원받았던 이 강도도 다른 강도와 마찬가지로 똑같이 저주 받았던 죄인이었읍니다. 땅과 음부가 입을 벌려 그 피를 삼키려 하던 이 심판의 대상자에게 밤이 예루살렘에 떨어지기 직전, 하늘의 낙원이 회개한 강도에게 열리기 시작했읍니다.

그러자 이 사람의 언어가 변화되었읍니다. 조금 전만 해도 예수를 비방하고 욕했던 입술로 이제는 주님을 변호하기 시작합니다. "네가 메시야이거든 그 십자가에서 내려와서 우리를 구원하라"고 외쳤던 이 사람! 야유와 조롱으로 가득찬 이 강도의 입술에서 자기의 영혼을 구원해 달라고 외치는 모습을 보십시요.

"주여 ! 당신의 나라가 임할 때에 나를 구원해 주소서."

그의 언어가, 태도가, 그리스도에 대한 관점 곧 기독관이, 그의 구원에 대한 관점과 구원관이, 그의 인생에 대한 관점 곧 인생관이, 그의 세계에 대한 관점 곧 세계관이, 그의 죄에 대한 관점 곧 죄관이 송두리째 변화를 일으키고 말았읍니다.

이것은 소리 없는 영혼의 위대한 변화였읍니다. 순간적으로 찾아온 삶의 놀라운 사건이었읍니다.

이 강도는 십자가에 달리신 주님에게서 무엇을 발견하였읍니까 ?

무엇이 이 강도의 삶 전체를 변화시키고 말았읍니까 ?

무엇이 이 악한 강도의 가치관을 완전히 전복시켜 놓은 동기가 되었을까요 ?

우리는 이 사실을 본문에서 추적할 수 있읍니다.

생각컨대, 이 회개한 강도도 예수님과 같이 십자가를 지고 골고다 언덕을 올라오면서 가까운 거리에서 예수님을 목격할 수가 있었을 것입니다. 자기들은 언덕을 올라오면서 고통을 이기지 못하여 얼굴을 찡그리고 욕설과 저주를 퍼붓고 불평하고 있을 때, 같이 십자가를 지고 올라오는 주님의 얼굴에서 그들은 자신들과 전혀 다른 모습을 발견하였을 것입니다. 조금도 원망이나 불평하지 않는 이 사람의 얼굴, 이상하게 느껴지도록 엄숙하고 경건하게 다가오는 하나님의 광채를, 언덕을 올라오던 예수님의 얼굴에서 발견할 수가 있었을 것입니다.

이사야 53장 7절은 예수 그리스도의 사건을 묘사합니다.

"그가 곤욕을 당하여 괴로울 때에도 그 입을 열지 아니하였음이여 마치 도수장으로 끌려가는 어린양과 털 깎는 자 앞에 잠잠한 양같이 그 입을 열지 아니하였도다."

죄없이 이 억울한 고통을 당하면서도 완전한 침묵 속에 그 영원한 하늘나라를 바라보고 골고다의 언덕을 오르시고 있는 이 사람 !

그들은, 십자가의 수난 앞에 자기 자신을 맡기고 일체의 반항과 저주없이 하나님의 뜻으로 이 십자가를 받아들이고 있는 예수 그리스도에게서 그들과 전혀 다른 신기한 광경을 목격했을 것입니다. 오히려 흐느끼며 예수 그리스도의 발자취를 따르고 있던 유대땅 여인들을 향하여 "예루살렘의 딸들아 나를 위하여 울지말고 너희 자녀를 위하여 울라"고 말씀하신 그 예수님!

십자가 위에 놓인 채로 손바닥에 못이 박히우면서 이 두 강도는 온갖 저주와 욕설을 퍼부었는데, 그 중앙에 달리신 예수님은 아직 한 마디의 말씀도 없으십니다.

이 엄숙하고도 고요한 침묵!

도대체 이 침묵의 정체는 무엇이란 말입니까?

야유하는 사람과 조롱하는 무리, 침을 뱉고 있는 사람들이 있는가 하면 로마의 군인들이 주님의 마지막 남기신 옷을 나눠 갖기 위해 제비를 뽑고 있읍니다.

이 때 탁한 공기를 깨고 들려오는 주님의 음성은 무엇이었읍니까?

'아버지여 저들이 하는 것을 모르오니 저들을 용서하여 주옵소서.'

홀연히 회개한 이 강도의 마음은 무서운 격정 속으로 빨려 들어가기 시작했읍니다. 아마도, 이 구원받은 강도는 저 위대한 새로운 차원에서 압도해 오는 거룩한 영의 감동으로 온 전신이 사로잡히기 시작했을 것입니다.

그리고 난 뒤 이 행악자의 입이 열리기 시작했읍니다. 그가 지금껏 보아왔던 주님이 아니라 전혀 다른 얼굴을 주님에게서 발견할 수가 있었읍니다. 단순한 나사렛 사람이 아니라, 단순한 휴머니스트가 아니라, 단순한 성자가 아니라, 숱한 사람들의 죄를 짊어지고 기도하고 있는 중보자 예수! 구원자 예수!

그 예수에게서 이 강도는 그리스도를 발견하고 있었던 것입니다.

과연 유다 백성이 기다려 오던 메시야!

어쩌면 풍문에 떠돌던 그대로 저 사람이 메시야일 것이다!

구세주일 것이다!

아마도 그는 유대인이었기 때문에 이사야 53장을 통해서 예언 된, 백성의 허물과 죄악을 인하여 찔리고 상함을 받아야 한다는 말씀의 주인공, 그리스도를 생각했을 것입니다.

'그가 찔림은 우리의 허물을 인함이요 그가 상함은 우리의 죄악 을 인함이라."

일찌기 수백 년 전에 예언된 주인공이 눈 앞에 있는 광경을 그 는 바라보기 시작했을 것입니다.

십자가 위에 유대인들이 조롱하기 위해서 새겨진 팻말인 「나사 렛 예수, 유대인의 왕」, 이 표어가 이 사람의 마음 속에 새롭게 다가오기 시작했을 것입니다.

그는 예수에게서 메시야를, 예수에게서 왕의 모습을, 예수에게 서 구세주의 모습을 보고 있었읍니다.

그런데 무엇이 이 두 사람의 차이를 만들었읍니까?

다른 한 강도가 아직도 예수 그리스도를 야유하며 저주하고 있 었을 때, 한 강도의 마음 속에 일어나고 있었던 놀라운 발견, 이 발견의 신학적인 차이는 무엇입니까?

이 강도의 회개의 내용을 본문에 입각해서 분석해 볼 수 있읍 니다.

첫째로, 그는 이 십자가에서 신관의 변화를 가져왔읍니다.
그는 어떻게 말했읍니까?

다른 비방하는 한 강도를 향해서 이렇게 말합니다.

"네가 동일한 정죄를 받고서도 하나님을 두려워하지 아니하느냐?"

히브리서 11장 6절은 "믿음이 없이는 기쁘시게 못하나니 하나 님께 나아가는 자는 반드시 그가 계신 것과 또한 그가 자기를 찾 는 자들에게 상 주시는 이심을 믿어야 할찌니라"고 말씀하니다.

홀연히 이 강도의 마음 속에는 하나님에 대한 신뢰와, 하나님에 대한 두려움과, 그리고 하나님을 구원의 하나님으로 바라보는 눈이 열린 것입니다.

잠언 기자는 이렇게 말합니다.

"여호와를 경외하는 것은 생명의 샘이라."

이러므로 피조물이 거룩하신 하나님을 바라봄으로 피조물과 창조주 하나님 사이에 질적인 차이를 발견하고, 그 하나님을 두려워하기 시작할 때 영혼의 위대한 변화가 일어나기 시작합니다.

이 강도의 마음 속에 하나님에 대한 새로운 시각이 나타나기 시작합니다.

둘째로, 이 강도에게 죄에 대한 평소의 생각이 변화되기 시작했읍니다.

41절을 보면, "우리는 우리의 행한 일에 상당한 보응을 받는 것이니 이에 당연하거니와"라는 고백을 듣습니다.

나의 처형은 마땅하다! 나의 죄악에 대한 형벌은 당연하다!

그는 자기의 죄에 대한 구체적인 행실과 실상을 발견하기 시작했읍니다.

아무도 죄에 대한 발견없이 예수께서 구세주임을 발견할 수 없읍니다. 누구든지 자기몸이 불치병인 사실을 발견함이 없이는 의사에게 완전히 자기를 내어 맡기는 결단을 내리지 못할 것입니다.

시편 32편 5절에서 시편 기자는 이렇게 말합니다.

"내가 이르기를 내 허물을 여호와께 자복하리라 하고 주께 내 죄를 아뢰고 내 죄악을 숨기지 아니 하였더니 곧 주께서 내 죄의 악을 사하셨나이다."

파스칼은 이 세상에 있는 모든 인간을 크게 두 부류로 구분할 수 있다고 말합니다.

"한 부류는 자기가 죄인이면서도 그것을 알지 못하는 사람이고, 또 한 부류는 자기가 죄인인 것을 절실히 깨닫고 있는 사람인데,

전자는 희망이 없는 죄인이고 후자는 희망이 있는 죄인으로, 인간은 이 두 가지로만 구분될 따름이다."

그런데 이 강도는 자신의 죄를 절실하게 깨닫기 시작했읍니다. "내가 받아야 할 이 처형은 마땅한 것이다. 나는 하나님의 저주를 피할 수 없는 죄인이다."

이 발견 앞에 서서 자기를 죄와 저주에서 해방할 수 있는 분으로서의 구세주, 예수 그리스도를 바라보기 시작한 것입니다.

세째로, 이 강도에게서 기독관의 변화가 일어나기 시작했읍니다.
그는 주님을 바라보며 이렇게 외칩니다.
"이 사람이 행한 것은 옳지 않은 것이 없나이다."

너무도 완전하고 명백한 예수 그리스도의 의로우심을 그는 고백하기 시작합니다.

헬라어에서 "이 사람이 행한 것은 옳지 않은 것이 없다"는 말은 본래 "이 사람은 절대적으로 틀린 것이 없다"는 고백입니다.

완전히 의로우신 그분, 완전히 선하신 그분이 불의한 자를 대신해서 죄짐을 짊어지고 가장 흉악한 죄인의 모습으로 십자가에 달리신 것을 발견한 것입니다

요한일서 3장 5절은 이렇게 말합니다.
"그가 우리 죄를 없이 하려고 나타내신 바 된 것을 너희가 아나니 그에게는 죄가 없느니라."

바울은 고린도후서 5장 21절에서 소리칩니다.
"하나님이 죄를 알지도 못하신 자로 우리를 대신하여 죄를 삼으신 것은 우리로 하여금 저의 안에서 하나님의 의가 되게 하려 하심이니라."

네째로, 가장 중요한 것은 구원관의 변화였읍니다.
어떻게 여러분은 구원받을 수 있다고 생각하십니까? 오늘날 대다수 사람들은 구원의 근거로서 자기 자신을 의지하고 있읍니다.

"내가 이렇게 선하게 살았으니까."
"내가 철학적으로 구원을 갈구하고 있으니까."
"내가 도덕적이고 윤리적인 삶을 살고 있으니까."
자기 안에서 구원의 근거를 찾고 있는 많은 사람들을 봅니다.
그런데 이 강도는 마지막 순간에 이렇게 외칩니다.
"주여 당신의 나라가 임할 때 나를 기억하소서."
　구원의 주님은 한 분밖에 없다는 사실을 깨닫고 그분 앞에 모든 것을 고백하는 이 강도의 모습!

　믿음이란 단어는 "맡긴다"는 뜻입니다. 신앙이란 단어를 가장 근사한 낱말로 설명한다면 그것은 "맡긴다"는 뜻입니다. 자신의 영혼을 맡기는 것입니다. 우리는 구원의 주님이신 예수 그리스도께서 하나님 앞에 자기의 그 영혼을 맡기시는 결단으로 그의 생을 마치심을 볼 수 있습니다.
　오늘 여러분은 구원의 문제에 대하여 참으로 하나님을 의지하십니까? 내가 아니라, 하나님이십니다. 내가 아니라, 그리스도이십니다. 내 "의"가 아니라 하나님의 "의"입니다. 이 사실을 분명히 발견하셨읍니까?

마지막으로는, 하나님의 나라에 대한 믿음의 고백이 있었읍니다.
옳습니다. 이 강도는 예수님의 재림까지 믿었읍니다. 짧은 한 순간에 일어난 이 놀라운, 신학적이고도 교리적인 변화와 고백을 보십시오.
"당신의 나라가 임할 때에 나를 기억하소서."
　하나님의 나라가 이 땅에 임한다는 사실, 그래서 주님께서 다시 오신다는 놀라운 사실을 그는 믿음으로 받아들였읍니다.

　짧은 한 순간에 그의 영혼을 송두리째 변화시키는 고백의 장면이 일어나고 있는 것을 잘 보십시오. 그는 왕국에서 높은 자리를 요구한 것이 아닙니다. 그는 다만 하나님 앞에 알려지기를 원했읍니다. 구원되기를 열망하고 있는 것입니다.

이 절실한 고백 속에서 예수 그리스도를 구원의 주님으로 의지하며 그의 영혼을 드리고 있는 이 회개한 강도를 향해서 우리 주님은 어떻게 응답하십니까? 43절에서 "예수께서 이르시되 내가 진실로 진실로 네게 이르노니 오늘 네가 나와 함께 낙원에 있으리라 하시니라"라는 선언을 봅니다.

이것은 39절의 말씀과 얼마나 대조적입니까? "행악자 중 하나는 비방하여 가로되 네가 그리스도가 아니냐 너와 우리를 구원하라"고 야유 섞인 비방을 함에도 불구하고 잠잠히 계셨던 그 주님!

이 야유와 멸시의 현장을 침묵으로 대면하셨을 뿐입니다.

그러나 회개하는 강도를 향해서 주님은 고개를 돌리십니다. 그리고 말씀하십니다.

"오늘 네가 나와 함께 낙원에 있으리라."

요한복음 9장 31절에서 "하나님은 죄인을 듣지 아니하신다"고 말합니다.

죄인은 아무리 소리쳐도 그 기도가 하나님께 들리지 않습니다.

회개하지 않은 강도의 "네가 그리스도이어든 우리를 구원하라"는 이 기도는 참된 기도가 아니었읍니다.

그것은 야유의 소리였읍니다. 조롱이었읍니다.

그것이 설령 기도였다 할지라도 회개하지 않은 사람의 기도를 하나님은 듣지 않으십니다. 하나님 앞에 여러분의 기도가 열납되기를 원하십니까? 먼저 회개하십시오.

먼저 주님 앞에 나오셔서 그리고 하나님과 분명한 관계를 설정하시기 바랍니다.

강도가 회개했을 때 비로소 주님은 그를 바라보시며 "진실로 너희에게 이르노니"라고 말씀하셨읍니다. 즉, 주님과 회개한 강도

사이에 대화가 이루어지기 시작했읍니다.

회개하자마자 주님은 나에게 얼굴을 돌리십니다.

회개하자마자 주님은 내게 말씀하기 시작하십니다.

회개하자마자 내 삶 속에 변화의 기적이 일어나기 시작합니다.

회개하자마자 성령은 내 속에서 역사하시기 시작합니다.

그리고 말씀하십니다.

"오늘 네가 나와 함께 낙원에 있으리라."

구원은 회개할 때 즉시로 이루어지는 것입니다.

"보라 지금이 은혜받을 만한 때요 구원의 날이로다."

하나님의 구원의 시각은 언제나 오늘입니다. 요한계시록 2장 7절에는 "이기는 그에게는 내가 하나님의 낙원에 있는 생명나무의 과실을 주어 먹게 하리라"라는 말씀이 있읍니다.

실락원의 비극은 낙원을 회복하는 거룩하고 영광스러운 즐거움으로 뒤바뀝니다. 실락원 대신 예수 그리스도는 회개하는 죄인들에게 복락원을 약속하십니다. 죄는 낙원을 잃어버리게 만들었고 회개는 낙원을 회복하게 만들었읍니다.

회개한 강도는 아침에는 마귀하고 조반을 먹었는데 저녁에는 주님과 함께 낙원에서 식사를 즐겼읍니다. 너무도 가까왔던 이 두 사람, 그러나 이제는 너무 멀어졌읍니다.

이것이 천당과 지옥의 차이입니다.

두 여인이 멧돌을 가는데, 한 여인은 들림을 받고 한 여인은 버림을 받았읍니다.

두 사람이 들에서 밭을 가는데, 한 사람은 들림을 받고 한 사람은 버림을 당했읍니다.

두 사람이 누워서 잠을 자는데, 한 사람은 주님께로 들림을 받았고 한 사람은 버림을 받았읍니다.

이 만날 수 없는 차이 !

이 좁힐 수 없는 간격!

회개와 믿음이 이 두 사람의 차이를 영원히 만날 수 없는 간격
과 차이로 떼어 놓았읍니다.

오늘 여러분은 이 회개한 강도의 사건 앞에서 어떠한 반응을 보
이십니까?

이 회개한 강도는 담대하게 나왔읍니다. 자기를 야유히는 사람
들 앞에서, 조롱하는 군중들 앞에서, 그는 부끄러워하지 않고
담대하게 나왔읍니다.

신앙의 결정을 내릴 때는 누구나 자만과 자랑의 보좌에서 내려
와 담대하게 땅과 하늘 사이에 공개적으로 죄인으로 하나님 앞에
나아오지 않으면 안됩니다.

그는 하늘과 땅 사이에 매달려 그를 둘러싸고 있는 군중들 앞
에서 당당하게 예수를 구주라고 시인했읍니다.

그 고백은 부끄러운 고백이 아니었읍니다. 예수를 믿는 것을 숨
기는 고백이 아니었읍니다.

"하늘이여 들으라 땅이여 들으라."

그는 수 많은 군중들 앞에서 공개적으로 고백합니다.

"예수여 당신의 나라가 임할 때가 나를 구원해 주십시요."

오늘 여러분은 이렇게 공개적으로 주님을 구주라고 고백하십니
까? 아니면, 주님 믿는 것이 부끄러워 그리스도를 숨기고 있지
는 않습니까?

오늘, 회개한 강도의 이 놀라운 사건 앞에서 당신의 소감은 무
엇입니까?

당신의 고백은 무엇입니까?

당신의 결단은 무엇입니까?

우리의 자랑 십자가

저희가 예수를 맡으매 예수께서 자기의 십자가를 지시고
해골 (히브리 말로 골고다)이라 하는 곳에 나오시니 저희
가 거기서 예수를 십자가에 못 박을쌔 다른 두 사람도 그
와 함께 좌우편에 못 박으니 예수는 가운데 있더라 빌라도
가 패를 써서 십자가 위에 붙이니 나사렛 예수 유대인의
왕이라 기록되었더라 예수의 못 박히신 곳이 성에서 가까
운고로 많은 유대인이 이 패를 읽는데 히브리와 로마와 헬
라 말로 기록되었더라 유대인의 대제사장들이 빌라도에게
이르되 유대인의 왕이라 말고 자칭 유대인의 왕이라 쓰라
하니 빌라도가 대답하되 나의 쓸 것을 썼다 하니라
  - 요한복음 19 장 17 ~ 22 절

그러나 내게는 우리 주 예수 그리스도의 십자가 외에 결코
자랑할 것이 없으니 그리스도로 말미암아 세상이 나를 대
하여 십자가에 못박히고 내가 또한 세상을 대하여 그러하
니라
  - 갈라디아서 6 장 14 절

구유에서 골고다에 이르는 우리 구주 예수의 수난의 사실과 고난의 생애를 묵상하기 전에, 우리는 첫번째 서론의 시간으로서 치욕과 저주의 십자가가 오늘 우리에게 있어서 자랑의 십자가가 된 이유를 말씀을 통해서 나누기 원합니다.

갈라디아서 6장 14절의 말씀을 다시 읽습니다.

"그러나 내게는 우리 주 예수 그리스도의 십자가 외에 결코 자랑할 것이 없으니 그리스도로 말미암아 세상이 나를 대하여 십자가에 못 박히고 내가 또한 세상을 대하여 그러하니라."

십자가는 예수님 당시의 흉악범을 처벌하는 저주의 형틀이었습니다.

수 많은 강도들과 살인범들과 로마의 반역자들이 십자가에서 죽어 갔습니다. 그러나 그 중에 어떤 사람의 십자가도 우리에게 기억되고 있지 않습니다. 그러나 유일하게 예수 그리스도의 십자가는 인류의 역사를 소요시키고, 수 많은 사람들을 흥분시키며, 수 많은 그리스도인들의 관심과 애정과 신앙 고백의 촛점이 되고 있읍니다.

왜일까요?

그분이 단순히 법과 질서를 범하고 죽어간 인간이라면, 그렇게도 수 많은 선량한 사람들에게 존경받고 사랑받을 만한 이유가 어디 있읍니까?

그분이 만일 단순히 유대를 사랑한 애국자로서 로마에 항거하다가 죽어간 사람이라면, 국경을 초월하여 수 많은 민족들에게 구주와 주님으로 고백되어야 할 이유가 어디에 있읍니까?

그분이 단순히 인간의 사랑을 가르친 휴머니스트로서, 자신의 신념 때문에 조용히 죽어간 사상가라면 사상과 지식을 모르는 가난하고 무지한 서민들에게까지도 눈물을 흘리도록 기억되고 사랑을 받아야 할 이유가 어디에 있읍니까?

그분이 만일 단순히 인간을 사회적인 구조 속에서 해방시키기 위해 죽어간 사회 운동가라면 가난과 무지를 모르는 인류의 제왕

들과 통치자들과 수 많은 귀족들에게까지도 열렬한 경배를 받아
야 할 이유가 어디에 있겠읍니까?

 갈라디아서 6장 14절에서, 바울 사도는 우리 주 예수 그리스도
의 십자가를 자랑한다고 말합니다. 이것은 비단 바울 사도뿐만 아
니라 예수 그리스도를 향해서 나의 주라고 고백하는 모든 사람들
에게 있어서 변할 수 없는 참된 신앙의 고백입니다.

 갈라디아서 6장 14절의 원문은, 예수 그리스도를 자랑하는 이
자랑 외에는 그리스도인들에게 있어서 어떤 자랑도 하나님이 금지
하셨다는 것을 강력히 시사합니다.

 자랑은 인간의 본능입니다. 가만히 사람들의 대화하는 내용을
들어보십시요. 자기의 지식과 예지를 총동원하여 신이 모든 사람
들보다 뛰어나다는 것을 입증하려고 사람들은 분주하게 자기 자
랑에 급급합니다. 정상적인 인간이라면 자랑할 만한 요소가 전혀
없는 사람은 없을 것입니다.

 어떤 사람은 힘을 자랑합니다.

 어떤 사람은 돈을 자랑합니다.

 어떤 사람은 명예를 자랑합니다.

 어떤 사람은 권력을 자랑합니다.

 어떤 사람은 인생 **연륜과** 경험을 자랑합니다.

 어떤 사람은 지혜를 자랑합니다.

 어떤 사람은 찬란한 자기의 이력서를 자랑합니다.

 어떤 사람은 자기의 특별한 달란트와 은사를 자랑합니다.

 어떤 사람은 자기의 종교적 충성을 자랑합니다.

 우리는 지난 번 선거 때에도 국회의원에 입후보한 많은 기독교
인들이 그리스도의 이름을 팔아가며 그가 몇 개의 교회를 세웠다
고 고백하는 사람들의 자랑을 읽을 수 있었읍니다.

 심지어 어떤 사람들에게는 자랑하지 않을 것도 자랑이 되고 있
읍니다. 군대에서 남자들의 대화를 가만히 들어 보십시요. 내가

여자들을 이렇게 했다느니 하는, 바울이 저희의 영광은 저희의 부끄러움에 있다고 말한 그대로, 수치스러운 고백을 자랑으로 여기는 수 많은 사람들의 고백을 들을 수가 있읍니다.

피조물도 저마다 자기를 자랑하기에 분주합니다.

자연도 자기의 자랑을 쉬지 않습니다.

오, 철저하게 타락하고 부패한 인류의 깊은 마음 속에서 우러니오는 이 부패한 자랑들을 들어 보십시요.

그런데 바울 사도는 우리에게 이렇게 고백합니다.

"내게는 우리 주 예수 그리스도의 십자가 외에 결코 자랑할 것이 없으니."

이것은 일찌기 역사에 없었던 자랑일 것입니다.

바울은 자기의 체험을 자랑하지 않습니다.
바울은 자기의 역사를 자랑하지 않습니다.
바울은 자기의 명예를 자랑하지 않습니다.
바울은 자기의 업적을 자랑하지 않습니다
바울은 자기의 잘난 논리를 자랑하지 않습니다.

자랑할 것이 없어서일까요? 아닙니다.

빌립보서 3장 4절의 말씀을 봅니다.

만일 지금까지 역사를 살았던 인류 가운데 참으로 자랑할 만한 어떤 조건과 인간적인 요소를 구비한 사람이 있었다면, 그는 아마도 바울 사도일 것입니다.

"그러나 나도 육체를 신뢰할 만하니 만일 누구든지 다른이가 육체를 신뢰할 것이 있는 줄로 생각하면 나는 더욱 그러하리니 내가 팔일만에 할례를 받고."

바울은 어릴 때부터 하나님의 백성이라는 표를 받은 종교적 특권을 자랑할 수 있는 사람이었읍니다.

「나는 이스라엘의 족속이다.

나는 사랑과 충성과 용기와 진실의 상징이었던 가장 자랑스러운 이스라엘의 지파 베냐민 지파에 속한 사람이다.

나는 히브리인 중에 히브리인이다.

모든 세계의 언어 가운데서 가장 뛰어난 히브리어를 능란하게 구사할 수 있다.

나는 히브리인의 탁월한 교육과 유명한 가말리엘 문화에서 유대인의 철학적인 교육을 받은 사람이다.

나는 바리새인이다.

나는 율법의 영광과 전통을 소중히 여겨온 사람이다.

나는 종교적인 정통성에 모든 것을 돌파한 사람이다.

열심으로 말하자면, 나는 교회를 핍박했다.

그리고 율법의 의로 말하자면, 나는 흠이 없었던 사람이다.

당신이 가지고 있는 모든 기준, 모든 윤리적인 표준 앞에 내 생활을 비추어 보아도 아무런 흠 잡힐 여지가 없는 도덕적으로 경건한 생활을 나는 지금까지 살아왔다.」

이런 바울이 어느 날, 다메섹 도상에서 나사렛 예수를 만납니다. 정오의 빛나는 불빛 아래서, 그는 하나님의 영광스러운 광채 앞에 비로소 자기 자신을 발견하기 시작했읍니다. 엎드리며 자기를 찾아온 하나님의 아들 메시야 앞에 소리칩니다.

"주여 뉘시오니까."

"나는 네가 핍박하는 예수라."

나사렛 사람 예수 그리스도를 만난 이 바울 사도의 고백은 달라집니다.

"무엇이든지 내게 유익하던 것을 내가 그리스도를 위하여 다 해로 여길 뿐더러 또한 모든 것을 해로 여김은 내 주 그리스도 예수를 아는 지식이 가장 고상함을 인함이라 내가 그를 위하여 모든 것을 잃어버리고 배설물로 여김은 그리스도를 얻고 그 안에서 발견되려 함이니"(빌 3 : 7 ～ 9절 상반절).

바울은 과거의 육신적인 자랑을 그렇게 평가합니다.

　오늘 여러분 중에 지나온 종교적인 발자취와 하나님께 대한 충
성심을 자랑스럽게 말할 수 있는 분이 있읍니까? 그렇다면 바울
앞에 자기의 이력서를 비교해 보시기 바랍니다. 고린도 교회는 수
많은 고린도 교인들이 자기의 종교적 체험을 자랑하기에 여념이
없었읍니다. 나는 방언을 말하며 입신을 했으며, 나는 수많은 체
험을 했으며, 나는 이와 같은 종교적인 과거의 이력서를 가져 왔
으며 그리스도 때문에 핍박을 받았다고 자랑하는 그리스도인들에
게 고린도후서 11장 18절 이하에서 바울 사도는 이렇게 말합니
다.
"여러 사람이 육체를 따라 자랑하니 나도 자랑하겠노라."

　22 ~ 23절의 말씀을 보십시요.
"저희가 히브리인이냐 나도 그러하며 저희가 이스라엘인이냐 나
도 그러하며 저희가 아브라함의 씨냐 나도 그러하며 저희가 그리
스도의 일군이냐 정신 없는 말을 하거니와 나도 더욱 그러하도다.
　나는 그리스도를 위하여 넘치도록 수고를 하였오.
　나는 그리스도를 위하여 수없이 옥에 갇히는 경험을 하였오.
　나는 매도 수없이 맞았오.
　나는 여러 번 죽을 뻔 하였오.
　나는 유대인에게 사십에 하나 감한 매를 다섯 번 맞았으며 세
번 태장으로 맞았고 한 번은 돌로 맞았고 세 번 배에서 파선하여
나는 복음을 전하다가 일 주야를 생사를 알지 못하는 깊음 속에
서 지내기도 했오.
　나는 여러 번 강의 위험을 체험하고 강도의 위험도 만났오.
　선교하다가 나는 내 사랑하는 동족들에게 민족의 반역자라는 오
해도 받았오.
　나는 이방인의 위험도 만났오.
　시내의 위험도　광야의 위험도　바다의 위험도 만났오.
　거짓 형제들에게 위험을 당하기도 했오.
　나는 수고했으며, 애썼으며, 잠도 못자고 주렸으며,　목말랐으

며, 춥고 헐벗은 삶을 살아 왔오.

그 뿐만 아니라 날마다 내 속에 눌린 일이 있으니, 곧 모든 교회를 염려함으로 말미암아 내 마음과 심장은 타고 있었오.

그러나 사랑하시는 여러분이여, 나는 이러한 것들을 자랑하지 않겠오."

단지 이것 뿐만이 아니었읍니다. 고린도후서 12장 1절 이하에서, "나는 이런 체험을 했다"고 떠벌리며 돌아다니는 수 많은 사람들의 태도와는 달리 바울은 조심성있게 자기의 종교적 체험을 이렇게 이야기합니다.

"무익하나마 내가 부득불 자랑하노니 주의 환상과 계시를 말하리라 내가 그리스도 안에 있는 한 사람을 아노니 십 사 년 전에 그가 세째 하늘에 이끌려 간 자라"(고후 12 : 1, 2).

바울은 자기의 이야기를 하면서, 감히 자기라는 말을 못하고 그것은 주님이 주신 체험에 불과하므로 그 사람이라는 겸손한 고백을 통해서 자기의 고백을 말합니다.

"내가 이런 사람을 아노니(그가 몸 안에 있었는지 몸 밖에 있었는지 나는 모르거니와 하나님은 아시느니라) 그가 낙원으로 이끌려가서 말할 수 없는 말을 들었으니 사람이 가히 이르지 못할 말이로다 내가 이런 사람을 위하여 자랑하겠으나 나를 위하여는 약한 것들 외에 자랑치 아니하리라"(고후 12 : 3 ~ 5).

바울이야말로 모든 조건들을 자랑할 수 있는 사람이었읍니다.

여러분 중에 바울 사도에게 이렇게 말하고 싶으신 분이 있을 것입니다.

"바울은 이 세상을 몰랐기 때문이었을 것입니다. 바울이 돈을 사랑했다면, 그것을 자랑하지 않았겠읍니까? 바울이 이 세상에서 황금의 권력을 알았다면, 그 황금의 위대한 힘을 자랑하지 않았겠읍니까?

아닙니다. 누구보다도 바울은 이 세상을 잘 알았던 사람입니다.

바울은 그 당시에 쟁쟁한 권력자들을 만났읍니다. 바울은 나폴리
의 엄청난 부를 보았던 사람입니다. 그는 친히 아테네를 방문하
고, 지성을 자랑하는 수 많은 사람들과 더불어 토론하며 지식의
참된 속성과 본질을 알았던 사람입니다. 그는 친히 폼페이를 방
문했으며, 폼페이의 수 많은 쾌락과 허영과 환락의 정체를 잘 체
험했던 사람이었읍니다.

그러나 그는 세상의 어두움과 허영을 알았읍니다. 이 세상에 있
는 모든 것이 육신의 정욕과 안목의 정욕과 이생의 자랑에 불과
하다는 그 정체를 잘 알았읍니다.
그는 이 세상의 모든 것이 사단의 지배 아래 있다는 사실을 알
았읍니다. 그는 이 세상의 허구와 속임수를, 이 세상의 찬란한 그
모든 영광의 배후에는 허무함과 쓰디쓴 독초 같은 죄악이 있다는
사실을 알았읍니다.
그래서 그는 세상의 돈을 자랑하지 **않습니다.**
그는 세상의 명예를 자랑하지 **않았읍니다.**
그는 세상의 권력을 자랑하지 **않았읍니다.**
그는 세상의 인기를 자랑하지 **않았읍니다.**
오히려 바울은 말하기를 우리 구주 예수 그리스도만 자랑하겠
다고 여기서 말하고 있읍니다.
이것 밖에는 바울 사도에게 아무런 자랑할 만한 것이 없었던 것
입니다.

왜 하필이면 예수 그리스도의 십자가입니까? 예수 그리스도의
탄생을 자랑할 수도 있지 않겠읍니까?
그분이 탄생하던 날, 하늘의 천사들은 노래했읍니다.
"지극히 높은 곳에서는 하나님께 영광이요 땅에서는 기뻐하심을
입은 사람들 중에 평화로다."
동방박사들이 멀리서부터 와서 아기 예수 앞에 경배하며 황금과
몰약과 유황을 드린 그분의 탄생을 자랑할 만하지 않습니까? 그

런데 왜 바울은 예수님의 탄생을 자랑하지 않습니까?

그분이 나귀를 타고 예루살렘에 입성하던 날, 수 많은 예루살렘의 군중들이 나와서 호산나 다윗의 자손을 찬송하며 환영과 인기와 갈채를 보냈던 그 장면을 바울 사도는 자랑할 수도 있지 않겠읍니까? 하필이면 왜 예수님의 십자가입니까?

아니 죽음을 깨뜨리고 승리하신 부활의 영광을 자랑할 수도 있지 않을까요?

어쩌면 제자들이 보는 앞에서 승천하던 이 기가 막힌 영광스런 장면을 자랑할 수도 있지 않았겠읍니까?

하필이면 십자가!

저주의 십자가!

치욕의 십자가!

고난의 십자가!

하필이면 왜 십자가를 자랑한다고 바울 사도는 말했읍니까?

십자가에 하나님의 사랑이 나타났기 때문입니다. 바울 사도는 거기서 하나님의 사랑을 알았기 때문입니다. 우리가 아직 죄인되었을 때에 우리를 사랑하사 예수 그리스도께서 우리의 죄를 위하여 십자가에 죽으심으로 말미암아 우리를 향하신 하나님의 사랑이 십자가를 통해서 확증되었기 때문입니다. 십자가에서 바울은 비로소 죄가 얼마나 무서운 것이며, 하나님의 공의는 얼마나 엄격한 것인가를 깨달았읍니다.

예수 그리스도에게 담당시키시고 그 아들 독생자까지 심판하지 않을 수 없을 정도로 인간의 죄는 철저히 하나님의 심판을 요구하는 것입니다. 그 아들 독생자를 통해서 인간의 죄를 철저히 추적하여 심판해버리는 하나님의 공의가 십자가를 통해서 나타났기 때문입니다.

십자가! 이것은 하나님의 사랑과 공의가 놀랍게 조화된 하나님의 완벽한 지혜의 산물이었읍니다.

그분은 나를 사랑하십니다. 그러나 그분은 내 죄를 그대로 간과하실 수 없는 정의로우신 하나님이십니다. 이 사랑과 의는 태초 이전에 십자가의 설계를 불가피하게 만들었으며, 그래서 나를 구원하시기로 작정하셨던 것입니다.

깊도다. 하나님의 은혜와 지식의 부요함이여!

하나님의 놀라운 은혜 가운데 우리는 십자가에서 비로소 구원의 능력을 알게 된 것입니다. 아니 십자가가 있어서 여러분과 나는 비로소 구원을 얻었지 않았읍니까? 우리 편에서 볼 때, 십자가는 나의 생명을 구원하는, 단 하나밖에 없는 하나님의 비밀이었음을 우리는 알 수 있지 않습니까?

바울은 로마서 1장 16절에서 "내가 복음을 부끄러워하지 아니하노니 이 복음은 모든 믿는 자에게 구원을 주시는 하나님의 능력이 됨이라"고 말합니다. 내가 이 복음을 부끄러워 아니함은 왜냐하면 이 복음이 나를 구원하는 하나님의 능력임을 알았기 때문입니다.

십자가의 도가 멸망하는 사람들에게는 미련한 것이지만 그러나 구원을 얻는 우리에게는 참으로 하나님의 능력인 것입니다.

그래서 바울은 이렇게 말합니다.

"유대인들은 표적을 구하고 또 헬라인들은 지혜를 찾고 있지만, 나는 못 박힌 십자가의 그리스도를 전한다."

얼마나 많은 사람들이 눈에 보이는 표적만을 구하고 있읍니까? 얼마나 많은 사람들이 자기의 지성과 이성에 맞는 합리적인 지혜만을 구하고 있읍니까?

제가 살아 있는 한, 이 강단에서 십자가를 빼놓고 자기의 표적과 권능을 자랑하는 사람이 이 강단에 서지 못할 것입니다.

제가 이 강단을 지키는 한, 십자가에 못 박힌 그리스도를 제거하고 인간의 지혜와 이성을 자랑하는 사람이 여기에 서지 못할 것입니다.

어떤 철학이 나를 용서할 수가 있었읍니까?

어떤 철학이 나를 양심의 가책에서 해방하여 죄 용서 받은 참된 기쁨을 나에게 제공할 수가 있었단 말입니까?

어떤 정치가 나에게 영생의 소망을 가르쳐 줄 수가 있었단 말입니까?

어떤 지식이 나에게 믿음으로만 구원을 얻는 이 놀랍고 신비스러운 도리를 가르쳐 주었읍니까?

어떤 지식이 나에게 천국의 비밀을 제공할 수가 있었겠읍니까?

어떤 도덕이 강도를 변화시켜 성자로 만들 수 있었겠읍니까?

어떤 윤리가 한 기생을 감동시켜 하나님의 역사를 증언하는 하나님의 사람 라합으로 만들 수가 있었겠읍니까?

어떤 교훈이 깡패를 변화시켜 그리스도의 복음을 전하는 하나님의 종으로 만들 수가 있었겠읍니까?

십자가! 이것은 구원의 놀라운 능력이었읍니다. 그리스도 생애의 목표는 십자가였읍니다.

"보시옵소서 나는 아버지의 뜻을 행하러 왔나이다."

그 하나님의 뜻은 십자가 외에는 아무것도 아니었읍니다.

그분은 태어날 때부터 십자가를 의식하며 평생을 살았던 주님이었읍니다.

어린 아이로 태어났을 때, 헤롯의 살육의 칼은 벌써 아기 예수의 뒤를 따르고 있었읍니다.

30년의 고요한 생애를 보내고 갈릴리 가나의 혼인 잔치에서 공적인 생애를 시작하셨을 때, 즐겁고 흥겹기만 한 잔치 석상에서 예수님은 이렇게 말씀하십니다.

"여자여, 내 때가 아직 이르지 못하였나이다."

그는 그 날 잔치 석상에서 십자가를 바라보고 계셨던 것입니다.

여러분 중에 만약 내 죽음의 모습과 내 죽음의 날과 내 죽음의 시간을 알고, 내 죽음의 그림자를 평생 끌어안고 살아야 한다면, 어떻게 삶을 살 수가 있겠읍니까?

그런데 예수님은 그와 같은 생애를 사실 수 있었읍니다. 그 날 예수님의 마음 속에는 십자가가 아로 새겨져 있었던 것입니다. 세속적인 영광을 구하여 예수께서 정치적인 메시야로 팔레스타인을 정복하면 누가 우편에 누가 좌편에 설 것인지에 대해 영광을 탐하는 제자들에게, 인자가 온 것은 섬김을 받으려 함이 아니요 도리어 섬기려 하고 자기 목숨을 많은 사람들의 대속물로 주려 하심이라고 말씀하셨을 때, 주님은 세속적인 영광이 아닌 그 십자가를 바라보고 계셨던 것입니다.

가이샤라 빌립보에서 "주는 그리스도이시요 살아계신 하나님의 아들이시니이다"라고 고백하는 베드로를 칭찬하시다가 문득 예수께서 그리스도가 되시기 위해서는 십자가를 피할 수 없다는 사실을 아시고 예수님은 십자가를 바라보았읍니다.
"인자는 이제 예루살렘에 올라가 많은 고난을 받고 죽음을 당하고 제 삼일에 살아나야 하느니라."
이 사실을 붙들고 인간적인 감정에 사로잡힌 사도 베드로가 "주여 그리 마옵소서 이 일이 결코 주에게 미치지 아니하리이다"라고 소리칠 때, 그는 "사단아 물러가라"는 엄한 질책을 듣습니다. 베드로는 십자가를 똑바로 바라보시며 나아가는 주님을 바라볼 수 있었읍니다.
이천 년 전 오늘, 나귀를 타고 예루살렘에 입성하시는 예수를 환영하는 수 많은 군중들을 보시며, 그러나 잠시 며칠 후면 지금 이렇게 환영하던 군중들이 돌을 들고 당신을 향해서 던질 것이며, "바라바를 놓으소서. 예수를 십자가에 못 박으소서"라고 소리지르는 난폭한 무리들로 변할 것을 미리 아신 예수님께서는 골고다의 언덕을 바라보고 계셨던 것입니다.

십자가에 달리시기 전 날 밤, 겟세마네 동산의 주님을 보십니까?
"할 수 있거든 이 잔을 내게서 옮기시옵소서. 그러나 내 뜻대로 마옵소서."

마태는 말하기를, 그 때 우리 주님의 마음이 심히 고민하여 죽게 되었다고 말합니다. 여기 "심히 고민하여"라는 말은 고민이 너무 심해서 터질 듯한 모습을 나타내는 것입니다.

마가는 말하기를 그 날 겟세마네 동산에서 기도하시는 우리 주님의 모습을 보고 "심히 놀라시며 슬퍼하사"라고 표현하였습니다. 이것은 공포가 극치에 달하는 주님의 경악을 보여 주고 있습니다.

누가는 기도하시는 주님의 모습을 묘사하기를, "땀방울이 핏방울이 되기까지 기도하셨다"라고 말합니다.

왜 그렇습니까? 죽음이 두려워서일까요? 고난이 두려워서입니까? 결코 아닙니다.

"할 수 있거든 이 잔을 내게서 옮기시옵소서."

이것을 단순히 고난의 잔이라고 말하지 마십시요. 그것은 죄악의 잔입니다. 그 잔 속에는 내일 아침이면 주님을 통해서 주님이 담당하셔야 할 인류의 죄악이 담겨져 있는 잔이었읍니다.

그분이 죄를 짊어지신다는 말을 바꿔 말하면 그분이 죄를 범한 사람처럼 되어 대신 심판과 저주를 받는 것을 의미합니다. 성경은 우리 주님을 죄를 알지도 못하신 자로 묘사합니다.

"죄를 알지도 못하시는 그분이 죄를 범하신 사람처럼 되어."

주님의 경악과 고민은 죄를 접하는 두려움이었읍니다.

거룩하신 하나님, 죄를 알지도 못하시는 그 하나님, 완전히 거룩하신 하나님이 어떻게 죄를 접촉할 수가 있단 말입니까?

그러나 만일 그분이 십자가를 거부하시면, 그 잔을 거부하시면, 그 죄의 문제가 해결되지 않으면, 영원히 불과 유황이 타는 못에 떨어져야 할 사람들의 모습을 바라 보고 계셨읍니다. 그 날 겟세마네 동산에서 얼굴의 땀방울이 변하여 핏방울이 되기까지 기도하시던 주님의 눈 앞에 스치고 지나가는 얼굴을 주님은 바라보고 계셨읍니다. 내가 만약 십자가를 짊어지지 않으면, 멸망해야 할

고통당할 이 사람! 그들을 바라보시며 주님은 견딜 수 없는 심정
가운데서 말씀하십니다.
"오 하나님 내 뜻대로 마옵시고, 아버지의 뜻대로 하옵소서."

날이 밝자 사랑하는 제자 중에 한 사람이 배신의 웃음을 띠고
찾아와서 주님의 손 등에 키스를 할 때, 그 제자는 이미 반역의
세사였읍니다. 그러나 그가 할 일을 알고 계시면서도 그를 품어
주시는 주님의 사랑의 가슴을 생각해 보았읍니까? 그분은 단 한
번 고통 받으신 것이 아니었읍니다. 다섯 번이나 개처럼 법정을
끌려 다니셨읍니다.
대제사장 가야바에게 심문을 받으신 주님, 그분은 다시 산헤드
린 공회 앞에 끌려나가 유대인의 최고 종교 재판소에서 가장 무
지한 살인자처럼 심판을 받으십니다. 다시 빌라도에게 보내지고
빌라도는 책임을 면하기 위해서 헤롯왕에게로 다시 주님을 보냅
니다. 수 많은 야유와 조롱의 언어를 퍼붓던 그 모습 앞에 잠잠
히 침묵으로 대하시던 주님의 얼굴을 보십니까? 또 다시 빌라도
의 법정으로 옮기우신 예수님은 "나는 이 사람의 범죄에서 무관
하다"는 빌라도의 어리석은 판결로 마침내 십자가의 사형수로 넘
기웁니다.

옷은 벗겨집니다. 홍포가 입혀지고 가시 면류관이 씌워집니다.
채찍질이 가해지기 시작합니다. 옛 사람은 말하기를, 그 때 예수
님을 때린 그 채찍은 한 번의 채찍질에 모든 등뼈의 살이 묻어나
는 채찍이었다고 합니다. 수욕과 침 뱉음을 당하며 쓰러지고 거
꾸러지면서 감당하기 힘든 무거운 십자가를 걸머지고 골고다의 언
덕을 나서기 시작합니다. 사람들은 지금도 그 길을 슬픔의 길이
라고 부릅니다.
호산나를 소리치며 그분을 환영하는 군중들의 모습은 없읍니다.
오천 명이 넘는 사람을 먹이실 때, 그분께 감사하던 군중들의
무리는 이순간 고독한 주님의 목전에는 더이상 아무도 없읍니다.

내가 당신을 위해 죽는 데까지 가겠다고 소리치던 베드로의 모습도 없읍니다.

쓰러지며, 넘어지며 골고다의 언덕을 오르시는 그 주님의 모습 속에서 당신과 나의 구세주의 모습을 보십시오.

"나를 위하여 울지 말고 너희가 너희 자녀를 위하여 울라"고 슬피 통곡하는 예루살렘의 여인들을 위로하시며 마지막 십자가를 향해서 가시던 그 주님, 십자가에 뉘우심을 당하시며 양 손과 양 발에 못박힘을 당하시고 마침내 하늘과 땅 사이의 십자가에 매달리시는 우리 주님! 이분을 보십시오!

예수 그리스도 그분이 참으로 나 때문에 십자가를 지셨다면 나 때문에 십자가에 못박힘을 당하셨다면, 우리가 맞는 수난의 주간의 참의미는 과연 무엇입니까?

한 시간이 아니고, 두 시간도 아닌 6시간을 하늘과 땅 사이에 매달려 엘리 엘리를 부르시고, 내 이름을 부르시며, 내 모든 죄를 담당하시고 십자가에서 피를 뿌리시던 그 주님!

하늘은 빛을 잃었읍니다.

하늘과 땅 사이의 허공 속에 매달려 자기를 못박고 자기를 조롱하며 침 뱉는 사람들을 향하여 "아버지여 저들이 저들의 하는 것을 모르오니 저들을 용서하옵소서"라고 기도하시던 그 주님!

한 시인이 이 놀라운 장면을 묵상하다 견딜 수 없는 감격으로 이렇게 말합니다.

그 날 그 하늘을 날으던 새들은, 캄캄한 창공을 향하여 말하기를 "다 이루었다"고 하고 그 구름은 더 높이 있는 구름에게 외치기를 "다 이루었다"고 하고 다시 구름은 더 높은 곳에 계신 영광의 구름을 향해서 "다 이루었다"고 외칩니다. 다시 구름들은 하나님의 보좌를 옹위하고 있는 영광의 그룹들과 천사들을 향하여 "다 이루었다"고 합니다.

천사는 말하기를 "아버지 하나님이시여, 범죄한 사람들의 죄를 용서하고 그들을 구원하시기 위해서 당신의 보내심을 받은 독생자 그리스도 예수는 방금 골고다 언덕에서 피를 뿌리시고 다 이루셨읍니다"라고 했읍니다.

  이 십자가가 던지는 의미는 과연 무엇입니까?
  이 절망의 십자가는 우리에게 희망을 가져다 주었읍니다.
  이 치욕의 십자가는 우리에게 영광을 가져다 주었읍니다.
  이 저주의 십자가는 우리에게 구원을 가져다 주었읍니다.
  이 정의의 십자가는 우리에게 평안을 가져다 주었읍니다.
  이 말할 수 없는 곤욕의 십자가는 우리에게 기쁨을 가져다 주었읍니다.
  이 형벌의 십자가는 우리에게 낙원을 가져다 주었읍니다.
  이 죽음의 십자가는 우리에게 생명을 주었읍니다.
  이 미움의 십자가는 우리에게 사랑을 심었읍니다.
  그래서 바울은 말합니다.
"내게는 우리 주 예수 그리스도의 십자가 외에는 결코 자랑할 것이 없으니."
  오늘 여러분의 자랑은 무엇입니까?

나그네와 본향

이 사람들은 다 믿음을 따라 죽었으며 약속을 받지 못하였
으되 그것들을 멀리서 보고 환영하며 또 땅에서는 외국인
과 나그네로라 증거하였으니 이같이 말하는 자들은 본향
찾는 것을 나타냄이라 저희가 나온 바 본향을 생각하였더
면 돌아갈 기회가 있었으려니와 저희가 이제는 더 나은
본향을 사모하니 곧 하늘에 있는 것이라 그러므로 하나님
이 저희 하나님이라 일컬음 받으심을 부끄러워 아니하시고
저희를 위하여 한 성을 예비하셨느니라
– 히브리서 11 : 13~16절

우 리는 사랑하는 사람들의 죽음을 당할 때마다 다시 한 번 죽음에 대하여 생각하게 됩니다.

인도의 어느 산간에서 수도하고 있는 성자에게 한 부인이 찾아왔읍니다. 그녀는 자기의 어린 아이를 끌어 안고 이 성자에게 살려달라고 부르짖었읍니다. 성자가 보니 이 어린 아이는 이미 숨을 거두고 있었읍니다. 성자가 부인에게 말하였읍니다.

"당신의 아들을 살려드리겠으나, 그 대신 저 동네에 내려가서 겨자씨 하나를 구하여 오십시오. 그런데 그 겨자씨는 지금까지 죽음의 고통을 한 번도 겪지 않은 집에서 구해 와야만 합니다."

물론 그 부인은 그런 집을 찾을 수 없었읍니다.

성자는 다시 말하기를 "그렇습니다. 죽음의 비애를 겪지 않은 사람은 한 사람도 없읍니다. 그러니 당신의 사랑하는 아들의 죽음을 고요히 맞이하십시오"라고 하였읍니다.

성경은 "사람이 한 번 죽는 것은 정한 이치"라고 말씀하였읍니다.

죽음이란 영혼이 육체를 떠나 주님께로 가는 것입니다. 그러므로 죽음의 정체를 알고 있는 성도들은 소망이 없는 사람들처럼 절망하지 않읍니다. 죽음은 만나는 것이기 때문입니다. 사랑하는 주님과 얼굴을 대하여 만나며, 앞서 간 성도들과 만나는 일입니다. 죽음은 안식입니다. 죽음은 부활의 약속을 갖고 있읍니다. 죽음은 천국으로 들어가는 영광의 교량입니다. 실락원의 저자인 존 밀턴(**John Milton**)은 "죽음은 영원한 세계를 여는 열쇠다"라고 말하였으며, 위대한 구약 성경 학자인 에드워드 영은 "죽음은 인생의 면류관이다"라고 말하였읍니다.

이 죽음을 통해서 인생을 성찰할 때, 인간은 결국 나그네의 삶이라는 성경의 진리를 부인할 수 없읍니다.

우리는 모두 나그네입니다.

본문에서 히브리 기자는 믿음의 조상들의 삶을 회고하고 바로 이 진리를 증언하여 주고 있습니다.

아브라함은 그의 아내 사라가 죽은 후에 헷 족속에게 말하기를 "나는 당신들 중에서 나그네요 우거한 자니"(창 23 : 4) 라고 고백하였습니다.

야곱은 바로가 그의 나이를 묻자 "내 나그네 길의 세월이 일백 삼십 년이니이다 나의 연세가 얼마 못되니 우리 조상의 나그네 길의 세월에 미치지 못하나 험악한 세월을 보내었나이다"(창 47 : 9) 라고 말하였습니다.

다윗도 기도할 때에 "대저 나는 주께 객이 되고 거류자가 됨이 나의 모든 열조 같으니이다"(시 39 : 12) 라고 말하였습니다. 또한 온 회중 앞에서 말할 때에 "주 앞에서는 우리가 우리 열조와 다름이 없이 나그네와 우거한 자라 세상에 있는 날이 그림자 같아서 머무름이 없나이다"(역상 29 : 15) 라고 말하였습니다.

시편 기자는 "나는 땅에서 객이 되었사오니 주의 계명을 내게 숨기지 마소서"라고 말하였습니다.

바울은 "우리의 시민권은 하늘에 있는지라"(빌 3 : 20)고 말하였습니다.

베드로는 "사랑하는 자들아 나그네와 행인 같은 우리들"(벧전 2 : 11)이라고 하였습니다.

본문은 "이 사람들은 다 믿음을 따라 죽었으며"라고 시작됩니다.
이스라엘의 믿음의 조상들은 한 번 결단한 믿음을 죽기까지 계속하였습니다. 그리고 믿음을 따라 죽었습니다. 그러나 그들이 믿음으로 죽기 이전까지는 믿음으로 사는 삶이 먼저 있었던 것입니다.

죽음은 인간의 생을 결산하는 가장 엄숙한 순간입니다. 믿음의 생활이 없이 믿음의 죽음은 불가능합니다.

믿음의 열조들은 소망을 영원한 천국에 두고 믿음으로 이 세상을 나그네처럼 살아갔습니다.

본문에는 세 가지 단어가 나옵니다.

첫째로, '보고', 둘째로, '환영하며', 세째로 '증거하였음이라'는 것입니다.

인생이 무엇인가를 깨닫고, 의미있는 나그네의 삶을 시작하려면 이 세 가지 단어의 비밀을 알아야 합니다.

볼 수 없는 천국을 믿음의 눈을 통해서 볼 수가 있었습니다. 이것을 통하여 그들의 삶이 전환되었습니다. 그리고 그들은 환영하였습니다. 마음 깊은 곳에서부터 하나님의 약속의 멧세지와 약속의 주님인 그리스도를 환영하였던 것입니다.

그리고 증거하였습니다. 영원한 빛 아래서 발견한 놀라운 삶을 증거하였습니다.

신앙은 하나님의 말씀에 근거한 전인적인 체험이며, 전인적인 결단입니다.

아브라함의 나그네 생활은 어떻게 출발할 수 있었습니까?

성경은 아브라함이 **믿음**으로 출발하였다고 말합니다. 하나님이 아브라함에게 "너는 내가 지시하는 땅으로 가라"고 말씀하셨을 때 아브라함은 그 땅에 대한 아무런 지식이 없었습니다. 그러나 아브라함은 하나님의 말씀을 믿음으로 미지의 땅을 향해 출발할 수 있었습니다.

믿음이란 무엇입니까?

믿음을 얻기 위해서는 멀리 있는 것을 볼 수 있는 커다란 **눈**이 있어야 합니다. 그리고 이 믿음을 소유하려면 멀리 있는 것을 붙잡아 들이는 커다란 **팔**이 있어야 합니다. 또한 믿음을 위해서는 멀리 있는 것을 소유한 감격을 증거하는 **입술**이 있어야 합니다.

믿음으로 아브라함은 갈대아 우르를 떠나 나그네가 되었습니다.

그러면 나그네는 어떻게 살아가는 것을 의미합니까?

본향을 확인하며 삽니다.

나그네는 본향을 확인하고 본향의 시민이 되어야 합니다. 자기의 본향이 어딘가를 분명히 알 수가 있어야 합니다.

바울은 "우리의 시민권은 하늘에 있다"고 말하였읍니다. 신앙의 사람 바울은 이 땅이 우리의 영원한 본향이 아닌 것을 발견하였읍니다. 고향을 알지 못하면 우리의 여행은 방황이 될 수밖에 없읍니다.

나그네는 지나가는 길에 미련을 두지 말아야 합니다. 나그네가 지나가는 길에 너무 커다란 미련을 둔다면 그는 계속 여행을 할 수 없기 때문입니다.

그리스도인들이 세상이라는 순례의 여정을 지나면서 이 세상에 너무 큰 미련을 두어서는 안됩니다.

성경은 "이 세상이라 세상에 있는 것들을 사랑치 말라 누구든지 세상을 사랑하면 아버지의 사랑이 그 속에 있지 아니하니 이는 세상에 있는 모든 것이 육신의 정욕과 안목의 정욕과 이생의 자랑이니 다 아버지께로 좇아 온 것이 아니요 세상으로 좇아 온 것이라"(요일 2 : 15~16)고 말씀합니다.

바울은 "형제들아 내가 이 말을 하노니 때가 단축하여진 고로 이후부터 아내 있는 자들은 없는 자 같이 하며 우는 자들은 기쁘지 않은 자 같이 하며 매매하는 자들은 없는 자 같이 하며 세상 물건을 쓰는 자들은 다 쓰지 못하는 자 같이 하라 이 세상의 형적은 지나감이니라"(고전 7 : 29~31) 라고 말하였읍니다.

욥은 한 순간에 그의 재산과 사랑하는 자녀들을 모두 잃었읍니다. 이 비극적인 삶의 현장에서 하나님의 사람 욥은 "주신 자도 여호와시요 취하신 자도 여호와시니 여호와의 이름이 찬송을 받으실찌니이다"라고 고백하였읍니다.

나그네는 세상의 것으로 자랑하지 말아야 합니다. "그러므로 내게는 우리 주 예수 그리스도의 십자가 외에 결코 자랑할 것이 없느니"(갈 6 : 14) 라고 바울은 고백하였읍니다.

나그네는 지나가는 길에서 얻은 명예를 가지고 자랑하지 말아야 합니다. 왜냐하면 그 명예도 지나가기 때문입니다. 권력이나 지식도 자랑하지 말아야 합니다. 이 모든 것은 지나가기 때문입니다.

바울은 "십자가를 사랑한다"고 하였읍니다. 그 십자가는 영원한 하늘나라의 본향을 가르쳐 주기 때문입니다. 또한 그 십자가는 영원한 삶의 진리를 깨우쳐주고, 이 나그네 삶에 의미와 보람을 가르쳐 주기 때뮤입니다.

나그네는 지나가는 길에 서서 너무 많은 욕심을 가져서도 안됩니다. 따라서 육체의 정욕을 버려야 합니다.

성경은 "사랑하는 자들아 나그네와 행인 같은 너희를 권하노라 영혼을 거스려 싸우는 육체의 정욕을 제어하라"(벧전 2 : 11) 고 하셨으며, "우리에게 구름같이 둘러싼 허다한 증인들이 있으니 모든 무거운 것과 얽매이기 쉬운 죄를 벗어버리라"(히 12 : 1)고 말씀하셨읍니다.

나그네가 짐을 많이 지면 그 여행은 괴로울 수밖에 없읍니다. 나그네가 미련이 많으면 발을 옮길 수가 없읍니다. 그러므로 나그네는 미련을 떨쳐버리는 인생의 결단과 지혜를 배워야 합니다. 그리고 영광스런 본향을 향해서 움직이는 삶의 발자욱을 남길 수 있어야 합니다.

나그네는 이 세상에서 환영을 받지 못하더라도 실망하지 말아야 할 것입니다. 또한 지나는 사람들에게 커다란 인정을 받지 못하더라도 실망을 할 필요가 없읍니다. 거기가 그들의 삶의 마지막 목적지가 아니기 때문입니다.

예수님께서는 핍박을 당하는 제자들에게 "너희가 세상에 속하였으면 세상이 자기의 것을 사랑할 터이나 너희는 세상에 속한 자가 아니요 도리어 세상에서 나의 택함을 입은 자인 고로 세상이 너희를 미워하느니라"(요 15 : 19) 라고 가르치셨읍니다.

베드로는 "너희가 저희와 함께 그런 극한 방탕에 달음질하지 아니하는 것을 저희가 이상히 여겨 비방하나"라고 말하였읍니다.

세상 사람들은 우리의 삶이 그들과 같지 아니함을 비방할지 모릅니다. 그러나 다를 수밖에 없읍니다. 이 세상이 전부인 것으로 아는 사람과 영원한 목적지를 아는 사람의 삶의 스타일이 같을 수가 없는 것입니다.

나그네는 자주 길을 확인하고 물어야 합니다.

그리고 나그네는 옮겨다닐 준비를 해야 합니다. 계속해서 가야만 하기 때문입니다. 이런 이유 때문에 아브라함은 커다란 집을 갖지 않았읍니다. 그는 장막에 거하였읍니다(히 11 : 9). 계속하여 옮겨 다녀야 하는 나그네였기 때문입니다. 그는 옮겨다닐 준비를 한 것입니다. 세계를 향해서 한 걸음 한 걸음 옮겨 놓을 수 있었읍니다. 그리고 주께서 부르시는 그 날 가장 위대한 옮김을 하였읍니다.

삶에서 죽음으로 !
지상에서 영원으로 !

그 때 아브라함은 미련없이 믿음을 따라 죽었다고 성경은 말씀합니다.

나그네는 영원한 본향을 향해서 투자해야 합니다.

어리석은 나그네는 지나가는 길에서 얻은 사업에 많은 것을 투자할지 모릅니다. 그러나 지혜로운 나그네는 일시적 거주지를 위해서 투자하지 않습니다. 그는 영원한 귀향지를 알기 때문입니다.

바울은 그의 영혼 깊은 곳에 이 본향에 대한 향수병을 앓고 있었읍니다. 그는 "내가 그 두 사이에 끼었으니(삶과 죽음 사이에 끼었으니) 세상을 떠나서 그리스도와 함께 있을 이 영광을 가진 것이 더욱 좋을지라"고 했읍니다.

그는 소망을 하늘에 두고 있었으므로 죽음을 환영하며 하나님을 만나는 영광스런 환희를 고백할 수 있었읍니다.

그런데 이 나그네 길에서 유혹이 있읍니다. 옛날 삶으로 다시
돌아가라는 유혹입니다.
"저희가 나온 바 본향을 생각하였더면 돌아갈 기회가 있었으려니
와 저희가 이제는 더 나은 본향을 사모하니 곧 하늘에 있는 것이
라"(15∼16).
　아브라함은 돌아갈 기회가 있었읍니다.
　갈대아 우르에 있는 그이 고향에는 넓은 땅과 가옥이 기다리고
있었읍니다. 거기는 고생이 필요 없었읍니다. 그러나 돌아갈 기
회가 있었음에도 돌아가기를 거부하였읍니다. 그보다 더 위대한
본향이 아브라함을 기다리고 있었기 때문이다.
　성 어거스틴은 로마가 함락되었을 때 밀폐된 그의 조그만 방에
서, 영원한 하늘의 소망을 기억하면서 불후의 명저인 「하나님의
도성」을 저술할 수가 있었읍니다. 그의 소망은 하늘에 있었읍니
다.
　천국에 대한 소망은 믿음의 사람들의 삶을 순결하게 하였읍니
다. 이 소망이 믿음의 사람들을 용기있게 만들었으며, 이 소망이
그들의 생을 위대하게 만들어 놓았읍니다.

　뛰어난 신앙인이었던 한 탁월한 문필가가 있었읍니다. 그는 항
상 웃고 있었읍니다. 그를 보는 사람들은 그의 마음에서 넘쳐나
는 기쁨을 볼 수가 있었읍니다. 그의 미소는 천국의 빛이라고 불
리워졌읍니다. 그는 행복을 묻는 사람들에게 천국에 대한 소망 때
문이라고 늘 말하였읍니다. 그는 임종을 맞이하여 환한 얼굴로 말
하였읍니다.
"지금이야말로 나는 행복한 여행을 떠나가는 순간이다. 잠시 후
에 내게는 영광의 부활이 있을 것이며 낙원은 나의 영광의 안식
처가 될 것이다."
그가 쓴 「천국의 새벽」이란 시는 수 많은 성도들에게 위로와 영
감의 원천이 되었읍니다.

시간의 모래들이 가라 앉으면
천국의 여명이 밝아오고
한숨으로 가득했던 무더운 여름,
이 여름이 가고
어둡고 외로운 짧은
밤이 지나면
광명한 아침이 내 손을 흔들어 깨우네.
오! 영광!
영광의 임마누엘 당신의 땅!
나의 본향을 나는 찾았네.

알랙스 헨리의 『뿌리』가 현대인들에게 그토록 커다란 감동을
준 것은 고향에 대한 동경 때문입니다.
우리 영혼의 의식 구조 깊은 곳에는 우리가 돌아가야 할 영원
한 본향에 대한 깊은 열망이 있습니다. 본향을 생각할 때마다 제
가슴을 저려오는 이야기가 있습니다. 이 이야기는 고향에 대한 우
리 성도들의 신앙을 환기시켜 줍니다.

아프리카에서 일하던 어느 선교사님은 여러 해 동안 수많은 열
정을 쏟았음에도 불구하고 선교의 열매를 거두지 못하였습니다.
그러던 어느 날 큰 아들이 병에 걸려서 시름시름 앓다가 세상을
떠났습니다. 잠시 후 충격을 받은 부인이 세상을 떠났습니다.
한 번에 큰 아들과 둘째 아들 그리고 부인마저 잃은 선교사의
슬픔과 비감한 심정을 이해하실 수 있습니까?
그는 선교를 포기하기로 결심하였습니다. 「이 선교가 내게 무
엇이 유익한가? 하나님은 왜 나에게 이런 시련을 주시는가?」마
침내 그는 선교를 포기하고 고향인 미국으로 돌아왔습니다.

그가 고향으로 돌아오는 배에는 휴가를 얻어 아프리카에서 사
냥을 하고 돌아오는 미국의 대통령이 타고 있었습니다. 배가 샌

프란시스코 항에 도착되었을 때 은은하게 울리는 군악대들의 예
포소리와 함께 대통령을 맞이하기 위하여 수 많은 사람들이 부둣
가에 나와 있었읍니다. 배에서 대통령이 내려올 때 거기에는 붉
은 주단이 깔렸고 많은 사람들이 대통령을 맞이하였읍니다. 대통
령이 지나가자 붉은 주단은 걷히고 군악대의 나팔 소리도 멎었읍
니다.

그 뒤를 선교사 홀로 고독하게 내려왔읍니다. "사냥을 갔다오
는 대통령은 저렇게 환영을 받는데, 큰 아들과 둘째 아들 그리고
부인마저 잃고 선교를 하다가 돌아오는 나를 맞이하는 환영객은
아무도 없구나?"하는 생각으로, 고독감과 실패감을 느끼면서 정
신없이 거리를 걷고 있을 때였읍니다.

그 때 한 음성이 들려왔읍니다.
"내 아들아! 네가 아직 고향에 돌아오지 않았다. 네가 고향에 돌
아오는 날 군악대의 나팔 소리가 문제가 아니라 하늘의 천군 천사
의 나팔 소리와 함께 내가 맞이해 주마. 붉은 주단이 문제가 아니
라 황금의 유리길을 깔고 내가 친히 너를 마중 나오마. 사랑하는
아들아 끝까지 충성하라!"

이 말씀을 들은 선교사는 그 동안 진리를 깨닫지 못하고 충성
을 다하지 못했던 죄를 회개하고 다시 아프리카로 돌아갔읍니다.
그리고 충성을 다하였읍니다.

당신도 고향을 바라보며 꿈이 있는 나그네의 삶을 살아가십시
오. 철학이 있는 삶을 사십시오. 그 때 비로소 우리들의 나그네
삶은 참 보람있는 삶이 될 것입니다.

당신은 이 고향을 발견하셨읍니까?

구원에 대한 하나님의 계획

당신이 만약 구도자 (求道者) 로서 이 책의 멧세지를 접하
셨다면 이 마지막 몇 마디 말씀을 꼭 읽어 주십시
오.

　당신은 지금까지 복음의 멧세지와 복음의 초청을 들으
셨읍니다.
복음 (福音)은 "예수 그리스도께서 성경대로 죽으시고 성
경대로 사흘만에 다시 부활하신 사건"입니다 (고전 15 : 1
～3). 왜 그의 죽으심과 그의 부활이 나에게 좋은 소식이
됩니까 ?
한 마디로, 그의 죽으심이 인류의 최대의 문제인 죄 문제
를 해결한 까닭입니다. 그의 부활이 인류의 의의 문제를
해결한 때문입니다.
"예수는 우리의 범죄함을 위하여 내어줌이 되고 또한 우
리를 의롭다 하심을 위하여 살아나셨기 때문입니다" (롬 4
: 25).
　모든 사람이 죄를 범하였고 (롬 3 : 23) 죄로 말미암아
인류에게 사망과 진노는 정한 바 되었읍니다 (히 9 : 27).

죄의 값은 사망입니다(롬 6 : 23). 피흘림이 없이는 사함
이 없읍니다(히 9 : 22). 하나님께서는 죄없는 당신의 외
아들 예수 그리스도를 속죄의 제물로 보내심으로써 그에
게 우리의 죄를 담당케 하셨읍니다(사 53 : 6). 그러므로,
이제 그의 피흘리심, 그의 죽으심은 우리의 용서의 유일
한 근거가 되었읍니다!

그러나, 그의 죽으심만으로 기독교는 아직 복음이 아닙
니다. 우리가 죄사함을 받은 것은 새로운 삶의 근거를 제
공했지만 이제 이후부터가 더욱 중요하기 때문입니다. 형
기를 치르고 형이 면제되고 감옥에서 출옥하는 죄수가 직
면한 보다 중요한 물음은 "이제부터 어떻게 살 것인가?"
입니다.

용서받고 새 사람이 된 우리가 새 생명 가운데서 살아
갈 수 있도록, 죄사함 받아 죄인에서 의인된 우리가 참으
로 의인답게 살아가도록, 우리의 삶의 주장자와 안내자가
되시려고 그리스도는 다시 사셔야만 했던 것입니다.

그의 죽으심으로 우리의 죄 문제를 해결하고 이 사건으
로 예수 그리스도는 우리의 구주가 되셨읍니다. 그러나,
그의 부활하심으로 우리의 의의 문제를 해결하고 예수 그
리스도는 우리의 주님이 되셨읍니다.
이 복된 소식의 결과가 바로 당신과 나의 구원인 것입니
다.

다시 한번 아래에 요약된 기독교의 근본 멧세지를 유의
하여 읽으며 당신 자신의 구원의 문제를 점검하여 보십
시오.

1. 구원은 전적인 하나님의 선물임을 아시는지요?

구원은 당신이 행하는 무엇이 아니라 주께서 십자가에서
이루어 놓으신 하나님의 사건입니다. 주께서 다 이루셨읍

니다(요 19 : 30). 당신은 하지 말아야 할 일을 했으며
해야 할 일을 못한 죄인입니다. 이것이 바로 당신의 허물
과 죄입니다. 허물과 죄로 말미암아 우리는 죽었고(엡 2 :
1) 하나님의 생명에서 끊어진 자가 되었읍니다(엡 4 :18).

　이제 우리 안에는 우리 스스로를 구원할 수 있는 아무
런 능력이나 공로가 없읍니다. 주께서 선행으로 우리를
구원하고자 하지 않으신 것은 그가 우리의 자랑하는 의나
선이 대단히 보잘것 없는 위선으로 포장된 더러운 옷(걸
레)에 지나지 않음을 아시기 때문입니다(사 64 : 6).
　만약 우리의 선행으로 우리가 구원된다면 우리는 저마
다 자기의 헛된 자랑에 열중할 우리의 허영을 또한 아셨
기 때문입니다(엡 2 : 8, 9).
　만약 우리가 우리의 선이나 의로 구원될 수 있다면 예
수께서는 십자가에서 헛되이죽으신 것입니다(갈 2 : 21).
그렇다면 도대체 하나님께서 예수 그리스도를 세상에 보
내셔야 할 까닭이 없었던 것입니다.

　그러나, 당신과 내가 우리의 노력으로 이룰 수 없는 불
가능한 구원을 주께서 이루시고, 주께서 이 구원을 우리
에게 값없이 허락하심으로 그는 우리를 향하신 그의 사랑
을 확증하셨읍니다(롬 5 : 8). 죄의 삵은 사망이었지만,
하나님은 은혜의 선물로 그리스도 안에 있는 영생을 준비
하셨읍니다(롬 6 : 23).
저는 지금 당신이 하나님의 이 큰 사랑을 깨달아 알게 되
기를 기도하고 있읍니다.

2. 스스로 자신을 구원하려는 헛된 노력을
　　포기하십시오.
아무도 미켈란젤로의 위대한 조각 작품에 손을 대려고 하

지 않습니다. 그것은 작품을 망치는 결과를 초래할 따름
입니다. 하나님의 구원의 계획을 당신의 첨부된 어떤 노
력이나 자선으로 완성할 것이라는 착각에서 벗어나십시오.

　수영할 줄 모르는 사람이 물에 빠졌을 때 그가 구원되
기 위해서는 그를 구출하기 위하여 다가오는 구원자에게
몸을 맡기는 것 외에는 할 일이 없읍니다. 그의 발버둥
(헛된 노력)은 오히려 자기 자신과 구출자를 난처하게 할
뿐입니다.
　성경은 "믿음" 외에 구원에 대한 다른 어떤, 당신의 소
위 "행함"을 격려하지 않습니다. 선물은 본질적으로 노력
의 산물이 아닙니다. 선물은 상대방의 일방적 호의에 근
거한 배려입니다. 일하고 받는 것은 선물(은혜)이 아닌
대가에 불과합니다. 그래서 성경은 "일하는 자에게는 그
삯을 은혜로 여기지 아니하고 빚으로 여긴다"(롬 6 : 4)
고 말한 것입니다.

　내가 나를 구원할 수 있다는 착각과 미몽에서 벗어나서
예수 그리스도께서 십자가에 흘리신 보혈의 의미를 묵상
해 보십시오. 환자가 자기 자신의 병을 스스로 고칠 수 있
다는 의식의 뿌리가 남아 있는 한, 그에게 있어서 사실상
의사의 존재는 요구되지 않는 것입니다.
그래서 예수께서는 "건강한 자에게는 의원이 쓸데 없고
병든 자에게라야 의원이 쓸데 있느니라 내가 의인을 부르
러 온 것이 아니요 죄인을 부르러 왔노라"(막 2 : 17)고
말씀하신 것입니다.
　내가 나를 구원할 수 없다는 철저한 각성! 성령께서
당신에게 이 깨달음을 주셨다면 이제 당신은 예수 그리스
도를 구주와 주님으로 영접할 준비가 된 것입니다.

3. 이제 당신의 죄인됨을 겸허하게 인정하고 당신의 죄 문제에 대한 유일한 해결자이신 예수 그리스도를 당신의 구주로 신뢰하십시오.

지금까지 우리는 하나님께서 우리를 위해 구원을 준비하신 사실과 우리에게는 구원을 이룰 수 있는 능력이 없음을 살펴보았습니다. 그렇다면 이제 우리는 하나님의 구원의 계획을 의지할 수밖에 없지 않습니까.

　예수를 믿기 전 모든 사람들은 사실상 나 자신을 믿고 살아가고 있는 것입니다. 내가 나의 구주였던 것입니다. 이것은 마치 난파선 위에서 아직도 그 무력한 난파선에 운명을 내어맡기고 안심하고 있는 상황과도 흡사합니다. 그러나, 이제 하나님은 당신의 눈을 열어 난파선의 위기와 아울러 당신 앞에 준비된 구원선을 보여 주셨습니다. 그러면 당신은 마땅히 구원선에 당신의 삶을 새롭게 맡겨야 하지 않겠읍니까? 이 난파선의 정체가 바로 죄 속에 있는 자아이며, 구원선은 곧 예수 그리스도이신 것입니다.

　당신은 이제 선택할 수 있읍니다. 허물과 죄, 혼돈과 파멸에 직면한 자아에게로 부터 돌이켜 이제 나의 참 구주요 새로운 주인되신 예수 그리스도를 의지하는 것！이 결단을 가리켜 기독교 신앙에서는 회개와 신앙, 혹은 회심의 사건이라고 부르는 것입니다.

　당신이 하나님의 은혜로 이 결단 속에 들어가는 순간 당신은 거듭난 것이며 당신은 하나님의 자녀가 되는 것입니다(요 1：12～13／요 3：1～16).

당신에게 이 결단의 날이 있었읍니까？

당신에게 이 결단의 사건이 있었읍니까？

4. 이와 같은 하나님의 구원의 계획을 기쁨과 감사로 받아들이기를 원하신다면, 지금 이 순간 예수께서 당신의 구주요 주님되심을 고백하십시오.

이미 말씀드린 것처럼, 신앙을 구도하는 일에 있어서의 최대의 비극은 하나님의 구원의 참된 계획이요 비밀인 십자가를 떠나서 사람들이 자기 자신 속에서 구원의 길을 찾고 있는 모습입니다.

어떤 이는 자기의 도덕적 선행에서(딛 3 : 5), 어떤 이는 자기의 지혜로(고전 1 : 21), 어떤 이는 율법을 준수하려는 자기의 종교적 노력으로(갈 2 : 16 / 약 2 : 10) 어떤 이는 종교 의식에 참예한 상황만으로(고전 1 : 17), 어떤 이는 특수한 종교적 표적을 체험함으로써(고전 1 : 22, 23) 구원을 모색하고 혹은 이것들에 대한 약간의 자기 만족으로 구원이 이루어진 것처럼 위험한 가정을 하고 있는 것입니다.

정말 이것은 문자 그대로 위험 천만한 가정입니다. 인간이 꾸며내는 모든 가정 가운데 가장 무서운 가정은 스스로 구원받지 못한 자리에 있으면서도 구원이 이루어진 것으로 착각하는 환상입니다.

아무리 확인해도 모자람이 없고 후회할 것이 없는 확인은 구원 사건의 확인입니다. 당신에게 이 구원의 체험이 없었거나, 아니면 당신이 만약 오랫동안 교회에 출석하면서도 아직 구원의 확신이 없어 괴로워하는 유형의 교인이라면, 자기의 희망, 교리나 경험을 빙자하여 "나는 구원받(았)겠지"라는 식의, 자기를 자위하려는 위험 천만한 가정은 하지 마십시오.

차라리 십자가 앞에 다시 나아오십시오. 그리고 십자가 앞에서 당신의 죄인됨을 고백하십시오. 그리고 거기 예수께서 십자가에서 달리신 이유가 바로 당신의 죄 때문임을 확인하십시오.

그리고 당신의 어떤 행위도 당신을 구원하기에는 여전히 모자라지만, 하나님의 아들 예수를 당신의 구주로 참으로 시인할 때 당신을 구원하시기로 작정하신 하나님의 계획과 은혜를 기뻐하십시오.

그리고 이렇게 고백하십시오.

"하나님, 저는 죄인입니다. 그러나, 그럼에도 불구하고 저를 사랑하시고 저를 구원하기로 계획하신 하나님의 사랑을 감사드립니다. 예수 그리스도의 십자가, 거기서 내 죄를 알게 하시고 예수께서 이 죄를 담당하심으로 내 죄를 구속하신 것을 제가 믿습니다. 이제 예수 그리스도, 오직 그분만이 저의 구주와 주님이 되신 것을 믿고 그분을 저의 삶의 주인으로 모셔들입니다. 이제부터 제가 사는 것은 예수 그리스도로 말미암아 저를 구원하시고 새 생명 가운데서 행하게 하시는 하나님의 영광을 위해서 살기를 원합니다. 아멘."

아래의 약속의 말씀을 신뢰하십시오.

"사람이 마음으로 믿어 의에 이르고 입으로 시인하여 구원에 이르느니라 …… 누구든지 주의 이름을 부르는 자는 구원을 얻으리라"(롬 10：10, 13).

이 말씀이 사실이고 이 말씀 그대로 당신이 예수 그리스도의 구주와 주님되심을 믿고 그렇게 고백하였다면 이 말씀의 약속 그대로 당신이 구원받은 것이 사실인 것을 이제는 의심치 말고 확신하십시오.

5. 이제는 당신의 인식의 영역을 넘어서서 당신에게 일어난 복된 영적 사건들을 상기시켜드립니다.

예수 그리스도를 구주와 주님으로 인식하기까지 그 고백에 도달하는 사람들의 경험은 얼마든지 다를 수 있고 다

양합니다. 그러나, 지금 당신이 예수께서 당신의 구주요 주님되심을 믿고 고백하는 확신에 아무런 주저함이 없다 당신에게는 아래의 사건이 이미 일어난 것입니다.

1 당신은 하나님의 자녀가 되었읍니다(요 1 : 12, 13).
2 당신도 성령으로 거듭난 것입니다(요 3 : 1~16).
3 당신에게는 하나님의 영원한 생명이 선물로 주어진 것입니다. 당신은 이제 지금 여기에서 영생을 소유하고 있는 것입니다(요 5 : 24 / 6 : 47).
4 이 영생은 당신에게서 다시는 잃어버려질 수 없고 누구도 빼앗아갈 수가 없읍니다(요 10 : 28~29).
5 당신은 믿음으로 하나님 앞에 의롭다 하심을 얻은 것입니다(롬 3 : 19~28 / 5 : 1).
6 당신은 결코 정죄함을 받지 않습니다(롬 8 : 1, 33).
7 당신은 성령을 받았읍니다(롬 8 : 9, 15).
8 당신은 하나님의 후사가 되어 장차 나타날 하나님의 영광과 기업을 상속받을 당당한 자격을 얻었읍니다(롬 8 : 17).
9 당신은 하나님의 모든 선물을 누릴 수 있는 자리에 있읍니다(롬 8 : 32).
10 당신의 이름은 하나님의 생명책에 기록되었읍니다(눅 10 : 21 / 빌 4 : 3 / 계 20 : 15).
11 당신의 모든 죄는 용서되었읍니다(엡 1 : 7 / 히 9 : 12 / 히 10 : 17~18).
12 당신은 틀림없이 확실하게 구원받았읍니다(엡 2 : 8~9).

6. 영적 성숙을 위해 당신이 꼭 해야 할 일 몇 가지를 더 말씀드리겠읍니다.

당신이 구원받았다는 것은 결코 완성된 인간이 되었다는

의미가 아닙니다. 하나님과의 새로운 관계에서 새로운 삶을 시작하였음을 의미할 따름입니다.

성경은 당신을 이제 "그리스도 안에서 어린 아이"(고전 3 : 1)라고 부르고 있읍니다.

당신에게 분명한 신앙 고백이 있었던 날짜를 아래에 적어 보십시오.

주후 19____ 년 ____ 월 ____ 일.

이 날은 곧 당신의 영적 생일이라고 할 수 있읍니다. 물론 많은 성도에게 있어서 이 날은 자기가 하나님의 자녀로 출생한 날이 아니라, 자기가 하나님의 자녀인 것을 확인한 날일 수도 있읍니다. 생일을 모르는 사람이 생일을 정하여 자기 존재를 확인하는 것이 꼭 비난될 필요는 없읍니다. 이 확인이 그의 성장을 돕는다면 오히려 이것은 격려되어야 할 아름다운 신앙의 행습이라고 저는 믿습니다.

그리고 이 날부터 시작하여 성숙을 위한 노력을 시작하십시오. 당신을 자라게 하시는 분은 물론 하나님이지만, 이 성숙의 과정에는 당신의 책임이 따른다는 것을 잊지 마십시오.

1 **부지런한 영양의 섭취입니다**－즉, 하나님의 말씀인 성경을 가까이 하는 삶의 필요를 지적해드리고 싶습니다. 하루에 5페이지씩만 성경을 읽으면 일년에 한 번 성경을 읽을 수 있읍니다. 어려운 부분을 억지로 소화하려고 하지 말고 성령님의 도우심을 기도하면서, 단순하고 분명한 깨달음을 주시는 하나님의 음성으로 들으십시오(요한복음이나 요한일서에서부터 시작하시면 더욱 좋습니다).

2 **언어의 습득입니다**－언어의 배움을 통하여 비로소 아기는 부모, 그리고 주변의 다른 사람들과의 커뮤니케이

손을 익혀갑니다.

기도는 그리스도인의 언어입니다. 이 언어로 우리는 우리의 아버지 되시는 하나님과의 사귐을 갖게 됩니다. 이 언어가 깊고 풍성해질수록 그리스도인의 영적 삶의 깊이와 높이, 넓이는 더해 갑니다.

있는 그대로 오늘 당신의 심정을 하나님께 말하며, 항상 언제 어디서나 기도하는 습관을 가지도록 하십시오. 눈 뜨고 있을 때도 마음으로, 영으로 기도할 수 있기 때문입니다.

그러나, 하루에 한 번이나 두 번, 특별히 일정한 시간을 정해 놓고 기도하십시오.

③ **활동입니다**—움직이지 않는 모든 것은 죽어버리고 맙니다. 생명의 특성은 바로 움직이고 있다는 사실입니다.

당신이 당신에게 일어난 이 놀라운 구원의 삶을 다른 이들에게 전할 때, 같은 구원을 소유한 사람들과 함께 하며 사귐을 가질 때, 그리고 아버지가 기뻐하시는 일들을 행할 때(봉사), 당신의 삶은 눈부신 성장을 체험하게 될 것입니다.

키가 자라고, 힘줄이 돋고, 근육이 강해지고, 힘을 더해가는 아들과 딸의 아름다운 모습은 아버지의 기쁨이요 행복입니다.

④ **어머니와 가정의 건강한 돌봄을 받아야 합니다**

생명은 스스로 자랍니다. 그러나, 유해한 환경은 생명의 건강한 발달을 저해합니다. 좋은 환경은 양질의 성숙을 촉진시킵니다.

지역교회는 바로 구원받은 생명들에게 이러한 영적 환경을 제공하는 어머니의 역할을 합니다. 좋은 어머니가 좋은 자녀를 만들어 가듯이 좋은 교회가 좋은 신자를 생산

합니다.

좋은 교회란 복음의 나팔소리가 분명하고, 주의 지상 명령을 수행하는 일에 열정이 있으며, 영혼의 양육에 세밀한 관심을 갖고 있고, 주의 심정을 닮아가려는 지도자와 교인들의 의지가 살아 있는 교회입니다.

어떤 지역교회는 완전할 수는 없지만 적어도 모든 교회는 성경적 교회상을 지향하려는 꿈과 노력이 있어야 합니다. 당신의 거주지에서 가장 가까운 곳에서 이런 교회를 기도하는 가운데 선택하십시오.

그리고 목사님을 만나 당신의 신앙을 **양육해** 주도록 부탁하십시오. 이번 주일부터 시작하여 등록된 교인으로 이제 그 교회를 당신의 영혼의 어머니처럼 섬기며 상급과 모험으로 가득 찬 설레이는 순례자의 삶을 출발하십시오.

"능히 당신을 보호하사 거침이 없게 하시고 당신으로 하여금 그 영광 앞에 흠이 없이 즐거움으로 서게 하실 자 곧 우리 구주 홀로 하나이신 하나님께 우리 주 예수 그리스도로 말미암아 영광과 위엄과 권력과 권세가 만고 전부터 이제와 세세에 있으시기를 바랍니다. 아멘"(유다서 24～25절).

망망한 바다 한가운데서 배 한 척이
침몰하게 되었읍니다.
모두들 구명 보우트에 옮겨 탔지만
한 사람이 보이지 않았읍니다.
절박한 표정으로 안절부절하던 성난 무리 앞에
급히 달려 나온 그 선원이
꼭 쥐고 있던 손바닥을 펴 보이며 말했읍니다.
"모두들 나침반을 잊고 나왔기에…"
분명, 나침반이 없다면 끝없이 바다 위를
표류할 수 밖에 없을 것입니다.

생(生)의 바다를 항해하는 모든 이들을 위하여
우리는 그 나침반의 역할을 하고 싶습니다.
우리를 구원하신 아름다운 주님을
20세기 문명의 이기(利器)를 통하여
널리 전하고 싶습니다.

우리 나침반 가족은
구원의 복음과 진리의 말씀을 전하며
당신의 믿음 성장과 삶을, 가정을, 증거를,
그리고 당신의 세계를 돕고 싶습니다.

그리스도 안에서
우리는 당신을 진실로 사랑합니다.

"하나님은 모든 사람이 구원을 받으며
진리를 아는 데 이르기를 원하시느니라."
(디모데전서 2장 4절)

우리는 이 책이 당신의 삶에 큰 의미를 주기를 기도합니다

이 책을 읽고 신앙의 도움을 원하시는 분은 이 카드의 해당란
에 표시하셔서서 우리에게 보내 주십시오. 도움이 되는 성경통
신 강좌를 보내 드립니다.

● 보내실 곳 : ① ① ⓪ - ⑥ ① ⑥ 서울·광화문우체국사서함1641호 ─ 나침반社

● 기록일 / 19   년   월   일

성 명		전 화	
주 소	□□□ - □□		
생 일	19 년 월 일생	남 · 여	미혼·약혼·결혼·기타
교회출석	□ 출석하고 있다/ □ 출석하다가 지금은 쉬고 있다/ □ 출석한 적이 별로 없다.		

☐ 나는 예수 그리스도를 구주와 주님으로 받아들이기 원합니다.
☐ 나는 구원의 확신에 대하여 자세히 알기 원합니다.
☐ 나는 교회에 정규적으로 출석하기 원하는데 교회 선택에 대
하여 도와주시기 바랍니다.
☐ 나는 세례(또는 침례) 받기를 원합니다.
☐ 나는 체계적으로 성경공부 하기 원합니다.
자세히 안내하여 주십시오.
☐ 나는 예수 그리스도에게 재헌신하기 원합니다.
☐ 나는 신앙문제에 대하여 개인적으로나 서신으로 상담하기원
합니다.

➡ 이 책을 읽고 책에 대한 소감이나 또는 특별히 원하는 것이
있으면 기록하여 주십시오.

■ 신앙에 도움이 되는 책 안내

제　　목	중　심　내　용
구원의 확신과 기쁨	구원 문제와 구원의 확신에 대하여
참된 삶의 시작은 이렇게	신앙생활을 처음 시작하시는 분에 대한 자세한 안내
현대인의 피로와 휴식	경건의 시간의 유익과 활용
건전한 자아상	밝고 건강한 자아상을 갖는 방법
합당한 희생	헌신의 참 의미
기도학교 입학 안내	기도의 유익과 기도하는 방법
역경에서의 승리	그리스도인의 고난의 문제
예수님을 바르게 알자	예수님의 생애와 사역
하나님의 계획	창조부터 재림 후 주님의 통치까지의 하나님의 역사
영적 교훈	신앙생활의 근본이 되는 교훈들
영원에로의 초대	참된 신앙생활을 소개해 주는 신앙생활의 안내지
사랑과 믿음이 있는 곳에	참된 믿음과 사랑을 소개하는 신앙수필집
어디로 가십니까?	삶의 올바른 방향을 안내·
도대체 왜 믿어야 하는가?	우리가 하나님을 믿어야 하는 이유

■ 체계적 성경공부책 안내

제자훈련토론1단계	1권-새생명·하나님의 사랑과 용서	제자훈련연구1단계	1권-상담서인 성경·하나님의 뜻
	2권-시련·말씀		2권-균형잡힌 자아상·고독
	3권-경건의 기도·기도 시간		3권-부모·성(性)
	4권-성령 충만한 삶·성령 안에서 행함		4권-데이트·사랑
	5권-교제·전도		5권-정결한 마음·시험(유혹)
	토론1단계 지도자 지침서	2단계	제자훈련연구2단계(합본)-하나님을 영화롭게 하는 법·제자·사랑·데이트·또래의 압력 극복·참다운 우정·정직성
제자훈련토론2단계	1권-순종의 중요성·하나님께 순종하는 생활		
	2권-예배·그리스도인과 그리스도의 주권		
	3권-그리스도인의 사랑과 안내·사랑의 책임	3단계	제자훈련연구3단계(합본)-따당해결·실연극복·환각제해방·나쁜 습관 극복·새습관·가정 생활·죄처리·대중음악·시간관리·죽음 준비
	4권-다른 그리스도인에 대한 우리의 책임		
	토론2단계 지도자 지침서		

구입처 / 도서출판―나침반社

이동원 목사 설교집 안내

그리스도인의 실생활을 변화케 하는
감동의 메시지 / 성경본문 중심, 목회 중심,
교회 생활 변화 중심 설교!
강해설교의 귀감인 이동원 목사님의
설교집을 여기 당신 앞에 내놓습니다.

"지금 나열반에는 이동원 목사님의 설교를 책자와 테이프로 보급하고 있습니다. 여기 제시된 책자들은 현재 타이프로 제작되어 보급되고 있으므로, 그 외 책으로 제작되지 않은 설교도 현재 300 여종을 구비하고 있습니다."

가슴으로 다가오는 다정다감한 말씀으로 혼탁한 시대에 확신을 심어주는 김상복 목사의

『확실히』시리즈!

❶ 확신 시리즈----------
당신은 확실히 믿습니까
신국판 / 160 면

❷ 성장 시리즈----------
당신은 확실히 성장하고 있습니까
신국판 / 224 면

❸ 하나님과 동행 시리즈---
당신은 확실히 동행하십니까
신국판 / 144 면

❹ 은사 활용 시리즈-----
당신은 확실히 봉사하고 있습니까
신국판 / 272 면

❺ 신앙의 생활화 시리즈--
당신은 확실히 순종하십니까
신국판 / 192 면

❻ 사랑 시리즈----------
당신은 확실히 사랑하십니까
신국판 /

❼ 전도 시리즈----------
당신은 확실히 전도하십니까
신국판 /

❽ 요한계시록 강해------
당신은 확실히 준비하십니까
신국판 / 256 면

죤 맥아더 목사를
당신의 개인 성경공부 가정교사로 ❗

성경으로 성경을 푸는 강해 설교로
수만 명의 성도를 양육하고 있는
죤 맥아더 목사의 설교 / 성경공부를
『**나침반 – 개인 성경공부 겸 설교자료**』
시리즈로 발간하고 있습니다.
미국인들이 모이는 교회로서는
재미 한국인들이 가장 많이 모이는
Grace Community Church 의 담임 목사인
죤 맥아더의 성경공부 안내는 당신의
영적 필요를 충분히 채워 줄 것입니다.

생수 (生水)를 흠뻑 마시게 될 것이다.

"신앙 생활,
의문점은
점점
많아지는데
누가
속 시원히
대답해 줄 수
없을까?"

▶

『진리발견시리즈』를 보십시오!

■ 이 시리즈를 구역이나
그룹별 성경공과로
사용하십시오.
■ 한글 제목은 1993. 2. 1.
현재 발행된 것이며,
영어 제목은
근간 예정 책입니다.

고유번호 04 성 경

0401 · 성경을 올바로 이해하려면
어떻게 공부해야 하는가?

0402 · 성경은 정말 믿을 만한
하나님의 말씀인가?

0403 · Does the Bible Contradict
Itself?

0404 · How Can I Know God
Through His Book?

※ 계속 발행될 예정입니다.

고유번호 07 경 건 생 활

0701 · 어떻게 기도할 때 좋은
응답을 받게 되는가?

0702 · How Do You Live
the Christian Life?

0703 · What Do You Do
With a Broken Relationship?

0704 · How Can I Know
What God Wants Me To Do?

0705 · I'm Not a Legalist, Am I?

0706 · How Can I Break
the Silence?

※ 계속 발행될 예정입니다.

고유번호 10 영 적 세 계

1001 · 사단은 지금 이 세상에서
무엇을 하는가?

※ 계속 발행될 예정입니다.

고유번호 05 인 간

0501 · 우리가 행복해지기 위하여
무엇이 필요한가?

0502 · 우리가 사는 목적이
무엇인가?

0503 · How Can I Feel Good
About Myself?

※ 계속 발행될 예정입니다.

고유번호 08 가 정 생 활

0801 · 어떻게 하면 복된
결혼 생활을 지속할 수 있는가?

0802 · How Can My family
Survive?

※ 계속 발행될 예정입니다.

고유번호 11 세 계 상 황

1101 · 어떻게 이단 종파의
위험에서 벗어날 수 있는가?

1102 · What Do I Owe the
Government?

※ 계속 발행될 예정입니다.

고유번호 06 구 원

0601 · 구원을 어떻게
확신할 수 있는가?

0602 · 하나님께서 죄 용서하심을
어떻게 확신할 수 있는가?

0603 · Do I Have the Right
Kind of Faith?

0604 · What Does God Think of
Me Now?

0605 · What About Those
Who Have Never Heard?

0606 · What Do We Have To Lose?

※ 계속 발행될 예정입니다.

고유번호 09 교 회

0901 · 어떻게 교회의 분쟁을
해결할 것인가?

0902 · 하나님은 어떤 예배를
요구하시는가?

0903 · Who Qualifies To Be
a Church Leader?

※ 계속 발행될 예정입니다.

고유번호 12 미 래 세 계

1201 · 장차 이 세상에
어떤 일이 일어날 것인가?

1202 · 죽은 후에는
어디로 가는가?

1203 · What Can We Know
About the Antichrist?

1204 · What Can We Know
About the Second Coming?

※ 계속 발행될 예정입니다.

책번호 / 마 · 1109

이렇게 찾으라

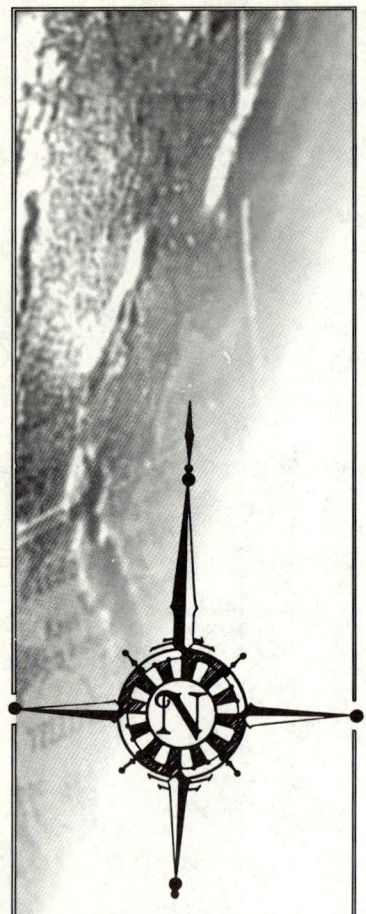

나침반社는
우리를 구원하신
아름다운 주님을
20세기 문명의
이기(利器)를 통하여
널리 전하고 싶습니다.

발행소 ● 종 합 선 교 - 나 침 반 社
NACHIMBAN MINISTRIES
(등록 1980년 3월 18일 / 제 2 - 32 호)

편집겸 발행인 ● 김　　　용　　　호
ⓒ 1994 KIM YONG-HO

연락처

- 우편 / [1][1][0]-[6][1][6] 서울 · 광화문 사서함 1641호
  K.P.O. BOX 1641, SEOUL 110-616, KOREA
- 우체국대체구좌 / 010041-31-1201888
- 은행지로번호 / 각 은행 99번 창구 3000366번
- 전화 / 본사사무용 (02) 279-6321~3
  서점주문용 (02) 606-6012~4
- FAX / 본사사무용 (02) 275-6003
  서점주문용 (02) 606-6016

지은이 / 이동원

제 1 판 발행 / 1983년 3월　1일
제 23 판 발행 / 1998년 9월　15일

나침반 신간안내 / 전화사서함 (02) 152 - 응답후 6322

기독교 종합정보 / PC통신 천리안 · 나우콤 · 유니텔 GO NIC

값은 뒷표지에 있습니다. ● PRINTED IN KOREA